褚时健
经营哲学

褚时健
人生干法

张小军／著　考拉看看／策划

浙江人民出版社

图书在版编目（CIP）数据

褚时健. 人生干法 / 张小军著. –– 杭州：浙江人
民出版社，2019.9
ISBN 978-7-213-09380-7

Ⅰ. ①褚… Ⅱ. ①张… Ⅲ. ①褚时健（1928–2019）
—传记 Ⅳ. ①F279.23

中国版本图书馆CIP数据核字（2019）第155770号

褚时健. 人生干法

张小军 著

出版发行：浙江人民出版社（杭州市体育场路 347 号 邮编：310006）
　　　　　市场部电话：（0571）85061682　85176516
项目策划：考拉看看
责任编辑：陈　源　何英娇
营销编辑：陈雯怡　陈芊如
责任校对：戴文英
责任印务：聂绪东
封面设计：元明设计
电脑制版：北京唐人佳悦文化传播有限公司
印　　刷：北京阳光印易科技有限公司
开　　本：710 毫米 ×1000 毫米　1/16　　　印　　张：15.75
字　　数：139 千字　　　　　　　　　　　　插　　页：2
版　　次：2019 年 9 月第 1 版　　　　　　　印　　次：2019 年 9 月第 1 次印刷
书　　号：ISBN 978-7-213-09380-7
定　　价：59.80 元

如发现印装质量问题，影响阅读，请与市场部联系调换。

中国企业家精神的极致

褚老走了，我很难过，发了一条微博：

每年褚橙飘香，必如期而至。褚老于我，如榜样，如兄长，更如挚友。喧嚣一生，刚硬沧桑，终归清净。但死而不亡者寿。送挚友，最后一程。褚厂长一路走好，天堂如今有好橙。

褚厂长以前说我这个人在基本感情上、基本看法上，和他比较一致。我是他的粉丝，他是我们这些企业家的骄傲。我多次去看他，其实我是去取经的。

企业家的尊严

褚厂长在玉溪卷烟厂的时候在全国是赫赫有名的，当时国产的云南烟价格已经超过了万宝路等洋烟的价格，能做到这一点，还是很扬眉吐气的。

褚时健：人生干法

那时候，玉溪卷烟厂的年税利达到上百亿元，万科的规模是年产值30亿元，人家一年上缴的税都比万科的产值大得多。但是真正让我印象深刻的是，他管理烟厂时的质量概念。烟农、烟田是第一生产车间，烟叶符合标准才进场。从引进种子到耕种、收获、烤制、分级，这个标准环环相扣，让我印象非常深刻。

后来的事大家都知道了，褚厂长入狱，而后保外就医，开始种橙子。我第一时间通过云南的朋友去见了他，第一次他不在家，第二次（2003年）通过朋友安排去哀牢山上见他，他在山头包了一个2400亩的橙园，准备引水上山。去时，他正和一个老农讨价还价，要修一个水泵，老农开价80元，他还价50元。这样一个曾经创税百亿元的企业家在跟一个老农民讨价还价，这是我站在旁边看到的。他个子非常高，戴着破草帽，穿着破的圆领衫。

见面之后，他兴致勃勃地跟我谈橙园将来挂果子是什么情景。那时候橙苗刚栽上去，只有60厘米高。我就小心翼翼地问，什么时候可以挂果？他说得几年后。那时候他已经75岁，挂果得80岁了。我就反思我自己，70岁的时候我肯定退休了，我从没有给自己设计退休后的生活，他对我的影响非常大。我的退休生活该怎么设计，应该说受到了褚厂长的影响。比如说我70岁之后，也许到戈壁滩上种庄稼了。

褚厂长最值得我们敬佩的就是他保持了尊严，这恰好是我们中国人现在真正需要的东西。企业家、工商阶层最需要的就是尊严，怎么独立、怎么尊重自己、怎么尊重别人，这是我从他身上能感受到的。

正是因为他保持着尊严，即使受到挫折，也能恰当对待自己、对待社会。实际上他出来之后，很多人都想帮他，但是他要证明自己，自己独立去做。褚厂长高龄创业，我以前说这是"中年的延长"，他创造的"褚橙"品牌让企业家看到了希望，这里蕴藏了很大的力量，这力量是工匠精神、独立人格、不断创新，是为社会贡献价值的企业家精神和尊严。

"文化大革命"以前，我当过兵、当过工人、当过干部、当过技术员，但这些都不是我选择的。

褚厂长所处的时代，岂止是商人，大家都是被决定、被安排的，这是整个社会的环境。褚厂长一直说自己是给国家做事情，70多岁后开始给自己做，给家族做。老两口到哀牢山是自己选择的，不是组织分配的，这10多年，自己说了算，实现了真正的经济独立，这是不是尊严？中国传统的工匠精神是把东西做好，他种的橙子有没有作为工商阶层最起码的尊严在里面？

褚厂长最值得我们敬佩的就是他保持了尊严，走过辉煌，落入谷底，又重新站起，触底反弹。

他一生创立了四个品牌，第一是玉溪牌香烟，第二是褚橙，第三是企业家精神，第四则是家族传承。中国的企业家能延续三代的并不多，因此才有富不过三代一说。前段时间，产品发布，褚家三代到场，除了马静芬大姐外，还包括褚家第二代和第三代。

他从政府官员，到一个大型国有企业的企业家，到做自己的家族企业，最后他的家族企业如何传承，也是需要他来面对的。他和他的家族很好地解决了这个问题。

挖掘企业家精神

很多人说，褚厂长之前做的是特许经营，随便从昆明街头找个人，给他一样的条件也能做得到。我不这样认为，几百家靠特许经营的企业，为什么褚厂长能和其他人不一样？

他以前管工业，现在是管农业，管工业的怎么把农业管好？这是不同的概念，和工人打交道，你发工资人家干活，不干活我还可以罚你；农民不能这样啊，很难控制得住吧？大家对病虫害都没办法，他能把果树的发病率从5%—6%降到1‰。我相信他管烟厂的能力，但这么多年过来，我还是非常好奇，他是怎么把管工业和管农业两种理念结合起来的？

褚厂长在哀牢山谱写出一位中国企业家的传奇，感染影响了几代人，其故事、传奇、精神值得书写、值得传承、值得发扬。

中国过去几十年取得了很大的成就，其中企业家的贡献很大，很大一批企业家成长起来了，他们也面临交接棒。现在中国的改革开放进入第五个10年，针对中国企业家的研究也需要加强，需要总结，需要传承。

每每回忆过往，会想起褚厂长常说的那句话："年轻人要有耐心，一锤子打不出一个结果。"

他起伏的一生，终归清净了。而年轻人和下一代，你们的未来，才刚刚开始。

2019年6月

企业家精神和价值究竟是什么

考拉看看团队这次推出这系列作品，邀请我写一篇序言，盛情难却，所以有了下面这些文字。

父亲离开已经有一段时间了，我们对他的怀念，需要用一些具体的东西来表达。我自己一直在思考，父亲的企业家精神和价值究竟是什么？这篇文章，算是我对此的一种表达，也希望可以给外界提供一些思考。

回顾父亲的一生，作为企业家，他不但有精神层面的东西，还有方法论，战略和战术。正因为具备这些因素，他才成了一位公认的优秀企业家。

专注解决问题

父亲是一个热爱生活的人，他之所以取得很大的成就，是因为他骨子里始终有一种不服输的劲头，总是思考如何解决问题。我在他身上看到了农业这个产业本身的可能性，以及他做事的一个特点，那就是"专注"。

我过去搞投资，发现在发展变化比较快的市场环境中，需要关注很多点，然后快速做出判断。

后来我发现，有时候一个人面对太多选择的时候，哪怕是一个天才，也会给自己制造很多错误的可能性，因为人的精力是有限的，如果对某一个点上的关注度不够，你的判断就不可能太客观、准确。

特别是在面对诱惑时，比如所谓赚大钱的机会，如果耐不住寂寞而动摇，事业很可能就会走向终结。人生和种花一样，需要修枝剪叶做一些减法。在这方面，父亲的思路十分清晰，内心十分坚定，所以他总能干脆利落地做出决策。

管烟厂的时候如此，后来种橙子也是如此。他每次站在土地上盯着树叶、树枝、树干、果子看的时候，眼神里都是专注。

专注就是要解决问题，做一件事必须专注度非常高，盯着一件事，然后把它做好。这是我在父亲身边一直留意他做事时学到的。我觉得父亲按天分来讲，并不属于天才类型的人。但是为什么他每做一件事都能成？关键就在于他的聚焦和专注，盯着一件事，把这件事做好，然后再考虑其他的东西。

在企业家圈子里很多人都认为，父亲从糖厂、烟厂到褚橙，都做得很成功，有一种经商的才能，体现了一个企业家的专业素养，体现了中国企业家的一种难能可贵的匠人精神，我想那就是用专业精神专注地将事情做到极致。

商业逻辑、战略高度和坚韧

总结父亲的经营管理之道，除了专注，我认为还有三点很关键：商业逻辑、战略高度和坚忍不拔的精神。

首先，他尊重商业规律，懂得商业逻辑，始终坚持经营的本质。父亲做过糖厂、烟厂，种过橙。别人都说他干什么成什么，并且都能做到行业第一。这也让很多人产生疑惑，为什么他总能做到？

道理说起来非常简单，老父亲一直在思考钻研企业靠什么赚钱，经营的本质是什么。企业要赚钱，是基本的责任所在，是商业专业主义的体现。一个盈利的企业，是对社会、员工、股东、合作伙伴最大的回报。活下来，并活得好，就是他办企业的基本逻辑。现在经常有新的商业模式出来，大家喜欢追风口，要做飞起来的猪。其实还要想一想，风停了怎么办？猪自己没有翅膀，不能飞，诸如此类追风口的企业有没有遵循基本的商业逻辑？企业靠什么赚钱？

老父亲干一行成一行，首先他的商业智慧就体现在他始终尊重商业规律，有商业逻辑。至于技术创新、组织管理、市场营销，这些都是技术层面的问题，可以慢慢地一个一个解决。经营不需要用那么多高级华丽的词来形容，本质上就是把企业持续做下去，为客户创造价值。

第二，他具有高瞻远瞩的战略眼光。这个说起来好像很简单，但是要做到并不容易。拉长时间来看，做好一件事，战略高度不仅需要有预判眼光，而且还考验企业家的把控力，需要有战略，有战术，有战斗力。

父亲从 20 世纪 80 年代后期便展现了他的战略思维，红塔山成功后，他在能源、医药、金融等板块的布局，为红塔集团带来巨大的经济效益和社会效益。

在年龄很大的时候，父亲重新选择在农业领域里创业，这个选择也是一个战略选择。农业和人们的衣食住行相关，人们也需要高质量的产品。当然，世界上没有相同的企业，不管是产业、产品、市场定位，还是领导力、企业文化，总会有不同之处。适合这家企业的战略规划、布局，不一定适合另一家。只有足够了解自己，才有可能在对的时间做出对的选择。企业家要懂自己的企业，熟悉行业，也就是要理解商业规律，才有可能具备战略高度。做到这点并不容易，也很少有人能够做到像老父亲那样极致。

第三，他具有坚忍不拔的精神。周其仁教授说，企业家精神就是解决问题的精神。在父亲的这一生，问题始终没有间断过，接受濒临破产的糖厂、烟厂，然后老年开始种橙，面对问题父亲始终有一种坚忍不拔的精神。问题越多，他越坚忍。

作为企业家也好，作为个人也好，遇到困难，是继续向前走，还是掉头回来？企业家就是要不断解决问题，当你解决了一个问题，接下来一定有更大的问题，如果没有，那就代表着停滞不前，甚至是在后退、走下坡路。所以，没有问题的时候，一定是危机来了。

我很欣赏一个词叫"痛快"。拆开来理解就是，只有经历很大的痛苦，才能感受到极致的快乐。

解决问题是让人痛并快乐着的事情，脚下路陡坡弯急，但向前一步的风光一定更美。父亲在困难面前一直坚持解决问题，这很多人都见识过。这是不认输、不妥协的倔强，也是千锤百炼后的强大自信。

坚持做好产品

我之前在金融业打拼多年，如今认真做农民，体会到了父亲在土地上踏实前行的心境。每次在基地看到大家热情工作，看到乡亲们不用远走他乡，而是一家团圆，都在果园工作，我为他们感到很高兴。褚橙基地现在有很多年轻人，还有很多老农人，其中有很多人跟随父亲创业直到现在，他们愿意在这片土地上干活，而且干得很好。可以说这片土地因为他们而充满生机，他们因为热爱这片土地而满载希望。

干农业其实说起来也简单，就是要坚持做好产品，搞好产品质量。父亲不去基地的时候，总会打电话给基地的作业长们，询问当天的温度、气候、病虫害等情况，他一定要做到心里有谱。在开会的时候，他的数据信息总是最精确的，有关企业经营的一切全在他脑子里。有人说他记忆力好，其实归根到底还是他在坚持解决问题，具有坚持搞好产品质量的理念。

农业这个行业，到目前还没有真正形成一个规模化、相对标准化的东西，或者说还处于爬坡上坎的阶段。标准化的操作体系，对农业来讲相对难一些，但是我觉得是可以做到的，而且会越来越好。一旦做到某种程度，我们的产业就能规模化发展。实现这一步还需要继续努力。农业是一个充满希望的行业，希望有更多人加入这个行业，也希望有更多用户可以消费到优质的农产品。

我希望我们的事业可以做得更大一些，有更多的资源进入这个行业，这个行业也需要多一些像父亲一样的企业家，不但能搞好企业，还可以帮助更多的农民脱贫致富，让更多的人重新回到土地上。

父亲一直坚持做高品质产品，一个一个解决问题，这既是管理经营之道，也是精神之力。这是我的理解，也是我和褚橙团队正在践行的理念。

坚持初心，回归本质，砥砺前行，做好一件事也就没有那么难了。

以上是我个人之见，也用来和大家探讨。

褚一斌

2019 年 8 月于云南褚橙基地

从过去到未来

中国改革开放进入第五个 10 年，本土企业家精神、企业经营与管理的总结正在拉开大幕。从过去到未来，都需要基本的愿力，需要传承。

（一）

"我们相信：世界上每一位 CEO、经理人和企业家都应该阅读这本书，每一位公司董事、顾问、投资人、新闻记者、商学院学生，每一个对世界最成功企业的出众特质有兴趣的人，也都应该阅读这本书。"

此处我们引用多年一直畅销的作品《基业长青》的序言里的这句话并不唐突。作为这套丛书的作者，我们同样认为，"我们如此斗胆声明，并非因为我们写了这本书，而是因为书中提到的公司和人确有很多可供借鉴之处，我们做了长期研究，写出这本书，就我们所知，没有人这样做过"。

在本书创作之前，我们对褚时健先生的研究时间长达 8 年，我们研究的持续性领先于任何一个研究褚时健先生的个人或团队。同时，我们也持续发布了我们的部分研究成果，比如《褚时健管理法》《褚橙方法》《褚时健传》，这些作品各有侧重点。现在的这套书并非这些成果的集结，而是用全新角度，披露了大量先前从未披露的内容。

贯穿我们研究和写作的中心问题是，褚时健先生将自己从事的每一项事业都做成了行业翘楚，到底是什么样的经营、管理和精神特质成就了这一切？

"褚时健经营哲学"这套书是考拉看看企业案例研究中心的代表作品之一。考拉看看企业案例研究中心的使命是致力于成为中国领先的案例研究中心，发现穿越时空并使企业和企业家保持长盛经营的治理原则。要实现这个理想，既要超越今天无数的管理理论，更不能被各种新颖时髦的概念迷惑。

随着研究的不断深入，我们看到周围诸多"创新""流行"的经营管理理论，但不少理论是新瓶装老酒。这大抵就是张五常教授所描述的，我们进入了解释时代，而真正的创新尚没有到来。

我们的研究之路并不顺利。虽然其中有各种管理经典的影子，比如绩效、全面质量、精益，而真正的挑战是，历史的架构并不能还原褚时健先生的经营管理思想。对研究者而言，要想研究他与生俱来的经营思想，必须打破过去的成见，建立全新的体系和语境。

如果说《基业长青》研究的是海外企业家的群像，那么我们这套"褚时健经营哲学"则是基于褚时健多次创业、持续成功所作的深度研究和总结。

时间如白驹过隙，中国过去40年涌现了一大批企业家，每位企业家都与众不同，经历类似褚时健先生的有之，但就其成功的独特性而言，中国唯褚，世界唯褚。虽不敢说后无来者，但肯定前无古人。世界上成功的企业和企业家屡见不鲜，但是持续成功，并在多领域成为行业翘楚的却寥寥无几。

（二）

2022年，《哈佛商业评论》将迎来它的100岁生日，这本以管理理论与实践见长的权威期刊的重要内容之一，是世界上各大知名公司的管理探索。然而，在这一超越国界的管理研究舞台上，东方企业和企业家管理思想在过去相当长的时间里却没有被过多关注。

2002年，中国某家出版社看到，"经过20年改革开放，中国与西方国家的差距正在逐步缩小"，"中国经济正与世界接轨，但中国企业的管理水平和竞争力与发达国家相比，仍有相当大的差距"，遂决定引进这本杂志。

2018年，我们开始纪念中国改革开放40周年，此时中国已成为全球第二大经济体，从德鲁克、波特到稻盛和夫，西方和东方邻国的管理思想紧随中国经济步伐，几乎成了中国商学教育的必谈话题，而我们的本土智慧才逐步浮出水面。

中国企业家缺乏思想吗？显然不是。我们非常欣喜地看到，随着中国经济的发展，中国企业家群体正在成型，企业家精神正逐渐凸显。

中国经济的辉煌成就从何而来？在中国制度创新之下，企业家用行动响应了国家的号召。那么，在共同的起跑线上，领先的企业家究竟因何领先？

这是我们关注的焦点。尤其是其中领先者，褚老当然算是标志性人物之一。

（三）

过去数年，我们一直致力于企业管理的研究。我们组织各方力量组建了考拉看看企业案例研究中心，陆续跟国内一流机构联合设立研究机构，希望发掘并记录中国企业家思想和精神，推动这些思想和精神实现更大的普世价值。

研究企业家的精神与思想是一个独特的命题，日本和美国学者在企业研究方面均建树颇丰。不过若将这些国家的企业研究经验放到中国企业家群体身上，我们发现并不完全适用。对中国企业和企业家的研究在范围和方法上面临着新的挑战。挑战来自两个方面：一是中国多数成功的企业家行事低调，深入接触他们并不容易；二是如何在呈现其思想精髓的同时兼顾外部环境的反馈性影响，我们还在摸索。

所幸经过多年积淀，我们已经找到一些比较好的平衡点，并且形成了以下三点基本认识。

一、中国经济进入新场景，迫切需要针对企业家精神和思想展开系统研究

企业强则国家强。在推动中国经济的发展中，企业起着越来越重要的作用。对于这样一支重要力量的特点模式和经验启示，需要集中力量去研究，尤其是在中国经济进入新场景后，更需要形成中国自己的企业经营思想。

中国经济正在转型升级，这40年来，中国的企业家多数是摸着石头过河。东西方企业家除面临的市场环境不同之外，最大的不同则在于"出身"，中国企业家几乎都没有经过系统的商学教育，市场就是他们的战场和

课堂。

中国企业家几乎都是从实践中走出来的，是干出来的，而我们针对企业家思想的梳理又相对落后。管理学家和企业家一直在为此努力。

当下，无论是美国还是日本，对本国企业的研究有丰富的经验和历史的传承。哈佛商学院企业史研究和教学在 1927 年就已经开始，这也是美国企业史作为独立研究领域的发端。

中国站起来了，企业家的能力也更为强大。中国企业家走向中国改革开放第五个 10 年，而企业经营与管理的总结才刚刚开始，它既迫切又充满挑战。

二、富强自信的中国需要有自己的企业史和企业治理思想

2018 年是中国改革开放 40 周年，2019 年是中国改革开放第五个 10 年的开端。历经过去 40 年的发展，中国经济总量成为全球第二，中国企业家成为全世界最有影响力的人群之一。

按照全球 500 强的席位和中国经济体的成长轨迹，无论如何，中国特色企业治理形成的中国模式，在全球企业治理的优秀思想中，应占有重要席位。

目前，中国企业家思想的研究可以说是支离破碎，

既缺乏标准范式，也没有形成积淀和规模。因企业和企业家在推动社会经济发展中的重要地位，企业史和企业家思想的研究必然成为日益受关注的一个领域。

以史为鉴，富强自信的中国需要有自己的企业史和企业治理方法。在 GDP 的硬实力跑道之外，中国企业的管理思想是软实力的重要体现。

三、企业家既需要创造财富，也要进行精神传承

我们一直在探索，什么是中国的企业家精神？这种推动企业家前进的能量是如何形成一种思想体系并惠及更多人的？我们如何传承企业家精神和思想？企业家在创造物质财富的同时，对于管理的探索所形成的体系如何分享给大众？

创造管理思想的通常是两种人：管理学家和企业家。历史经验表明，管理学家更多是企业家思想内容的提炼者或观察者。

惠普联合创始人威廉·休利特回忆道："回顾一生的辛劳，我最自豪的，很可能是创设一家以价值观、做事方法和成就，对世界各地企业管理方式产生深远影响的公司；我特别自豪的是，留下一个可以永续经营、可以在我百年之后继续作为典范的组织。"

事实上，任何公司和组织都有生命周期。科学管理

原理之所以能穿透时空，长盛不衰，关键在于这种方法论可以在全新土壤里生根发芽、行之有效。

当下，正值中国企业家传承交接关键期，相比财富的交接，中国领先企业和企业家精神、思想的传承更为迫切、重要。

（四）

中国企业波澜壮阔的发展历程和企业家跌宕起伏的生存进化为我们的研究提供了深厚的土壤，同时中国企业和企业家面临的诸多现实问题也为我们提出了全新的课题和挑战。

应时之需，管理学家、企业家和研究人员面临更为烦琐的研究挑战。我们针对褚时健先生的研究已持续多年，十分重视其具有普世价值的管理理论的总结和梳理。

结合当前深化改革的现实需要，密切关注中国企业和企业家思想的记录、研究与分享，在新形势下，我们迫切需要建立起一个中国企业和企业家思想研究的示范框架。

从中国企业发展的现实需要出发，探索其历史经验；从企业家的经历出发，记录其成长历程，探索企业家精神与思想。我们研究和记录的是企业家的智慧和经验。

"褚时健经营哲学"研究的是在中国影响众多企业家

的企业家褚时健。

未来学家阿尔文·托夫勒说，生存的第一定律是：没有什么比昨天的成功更加危险。如果他和褚时健对话，也许就会改变其观点。褚时健数次经历无比凶险的困境，但却一次又一次获得成功。

饥荒岁月，褚时健曾一枪打到两只麂子，他称其为运气。而其后的成功却显然不是靠运气，而是靠一种科学的决策和管理方法。我们一直好奇这种方法是他与生俱来的还是经过后天训练而成的。

在褚时健的管理实践中我们发现了泰勒的科学管理方法和丰田精益管理等各种管理方式的痕迹，而他本人却从未接受过这方面的专业管理训练。实际上，他的管理实践超越了先前某些学院派和企业派。换句话说，褚时健就是褚时健，他的方法自有特色。

很高兴可以通过这套书分享我们的研究成果。我们发现了诸多与众不同的经营法，且这些方法已经帮助相当多的企业获得了成功。当然，我们必须承认，我们所有的研究都来自褚时健的实践，这种实践正随新环境的变化而发生变化。我们希望提供一种可供商学研究分享的范式，作为褚时健成功经营思想的总结和传承。

目前商学教学模式主要有两种，一种偏重理论，一种偏重案例。前者首推芝加哥大学，后者以哈佛大学最具代表性。相对而言，案例教学更多地被商学院效仿。

如今，中国的企业案例研究突飞猛进，但自主创新方面才刚刚开始。

此时，我们又想起了多年前那位引进《哈佛商业评论》杂志内容的编辑说过的话，"中国企业家和管理者的学习任务十分繁重，其中，理念的突破、技术与管理的创新是关键"，引进这些内容，"就是让中国企业界和管理学界的读者们，能够有机会读到世界级管理权威们的原创作品，并通过了解和掌握这些前沿的理念和方法，在实践中探索和总结自身的经验教训，走出一条中国企业的快速成长壮大之路"。

此种希望，也是我们今天推出这套作品的想法，而与那时的不同之处在于，我们致力于中国本土领先企业家管理智慧的挖掘与分享。

考拉看看企业家案例研究中心
2019 年 6 月

自序

怀念褚老并向他致敬

这是褚老离开后，我陆续写的文章的节选，代为自序。还有一些内容的节选，放到了本书的最后，作为本书后记。

（一）

2019 年 3 月 5 日下午，收到褚老仙逝的消息，心情无法形容，就是难过。

上一年有人造谣说褚老去世，多希望这又是一次谣言！再看去年写的《褚时健传》，恍如隔世。

其实很少人可以走过 91 年的时光，老爷子这一生跌宕起伏，苦累欣喜都有，足够精彩。上一年他刚刚完成交接班，如今也算是一种休息吧。

他曾说想把褚橙规模做到年产 5 万吨，树种下去了，正在茁壮成长，我想他肯定在另外一个世界也能看得到他的愿望得以实现的场景。他懂得和树说话，树也相信他，所以他可以解决那么多关于果树的问题。

周其仁教授曾拜访褚老，他后来评价道："解决问题是他的生命。"这是一语中的的评价，我认识和了解的褚老痴迷思考，并且这些思考都针对所面临的现实问题。可以说，褚老脑子里面总是装着问题，总是在不停思考，即便是在生命的最后时光。

也许他天生敏感，所以总是可以找到解决问题的方法，我认识他这 8 年，他一直在处理各种问题。有一年果子品质下滑，他很难过，为了提高品质，他寻找各种解决方法。最后，为了解决这个问题，他砍了很多树，很多人不理解，但相信他。后来事实证明，他是对的。

老爷子确实是新时代的匠人，胸怀大爱，不单解决自己的温饱，也照顾团队的冷暖，早年跟着他开荒的人没有挨饿；后来他去酒厂、糖厂、烟厂，跟着他的人的收入也逐渐提高了，生活改善了；晚年种橙，周围的农民都很感谢他，褚大爹是他们的天。

金杯银杯，不如老百姓的口碑。

褚老热爱生活，无论什么时候都充满激情，小时候在河里摸鱼，晚年喜欢逛菜市场，买菌子。他的云南口音很重，我最喜欢听他说"我就是要把问题改觉了（解决了）"。他说到做到。

越是接触老爷子，越会认为他的企业家形象有别于大多数企业家。他在谷底时不气馁，在取得巨大成就时，依然痴迷于专业问题，不断探索提高产品品质的方法，他一直用实际行动把企业家精神展现得淋漓尽致。

第一次与褚老见面，我想他关心农业，便给他带了北京嘉博文公司生产的有机肥，他和马老（马建芬女士，褚老夫人）都很感兴趣，聊完天，他们就着手安排拿这个肥料做试验。这是对专业的认真。褚橙的品质和他的投入直接相关，褚老从来没有停止对橙子品质提升的研究。

百闻不如一见，我一直觉得自己比很多记者朋友们要幸运很多，因为我有很多机会接触到褚老。但从现在起，我又与大家一样，成为同样失去褚老的人。以后，褚老只能活在我的记忆里，他的音容笑貌，最多只能通过往日的视频来回味，只能靠文字、想象和回忆去揣摩。

我曾在很多个夜晚梦到和他聊天的情景，往往醒来后一夜无眠。

对于研究褚老的学者，迄今为止我最佩服的就是周其仁教授，他谈道，企业经营和企业家精神的本质，是必须卓有成效地解决问题。

那么，褚老究竟是如何解决问题的呢？同样的问题，我每次见面都会问，他的答案也从来都没有改变过，他说自己就是想把事情做成。

他会一直琢磨一个问题，直到解决它。这既是术，更是道，大道至简，褚老就是一个持续解决问题的人。

他说："天道酬勤，不勤快的人在任何时候也不会有好结果。人间正道是沧桑。人有顺境逆境，情况不好的时候不要泄气，情况好的时候不要骄傲，做人才能长久。"

（二）

2019 年 3 月 5 日，褚老永远离开了我们。当天下午我接到消息，悲痛万分，不愿相信；6 日凌晨 3 点，我和考拉看看的联合创始人、出版人马玥从成都赶到玉溪殡仪馆，我们在门外久久沉默，悲伤不已。

灵堂诵经声中，褚老离我们那么近又那么远。他安详如睡着一般，我们数次见面，而这一次却是永别……出门寒风起，雨突然如豆下，泪已如泉涌。

褚老是对我影响至深的人，我因他而改变了人生轨迹，我们第一次见面从谈论肥料开始，后来我辞职参与褚橙的销售和推广，然后又和内容团队考拉看看一起，持续多年研究他的管理、智慧和精神。这是一套纪念他的作品，也是我们希望传承他的企业家精神和智慧的作品。

褚时健：人生干法

　　这套书数易其稿，定稿前夕，我们和褚老天各一方，不能相问。按原计划，3月下旬我们赴滇，请他审阅，而今只能留下永远的想念。

　　褚老是影响企业家的企业家，研究褚老的人很多，但是我可以非常自信地说，我们的研究既有独特性，也有领先性，截至目前其可借鉴性没有超越者，但我希望以后有团队可以超越。

　　我们是褚老二次创业的研究者、见证者和参与者，也是研究褚老时间周期最长的团队，目前公开出版的《褚时健传》（李开云、张小军著）、《褚时健管理法》（张小军、马玥著）、《褚橙方法》（张小军、熊玥伽著）等多部作品已达数百万字，而我们这套作品研究的重点方向是管理、经营和干法。

　　褚老的企业家精神之一是面对不确定性的笃定和坚毅。企业家精神之外，从操作层面来看，就是管理、经营和干法。

　　我们持续的研究所得之一是，无论在什么样的经营环境中，每一个经营者都面临许多问题，而解决问题的能力决定了经营的半径。褚老取得一个又一个新业绩的同时，依然面临种种困难，从来没有所谓坦途的时刻。

　　所有的成功都有迹可循，大道至简，学习是路，褚老的经营和管理之道，适合各个领域的人学习。

　　我们希望这套书可以让你得到一些东西，经营没有止境，无论我们成功与否，都需要持续学习。当你打开这套书的时候，我想你已经开始了一段全新的学习旅程。接下来你会看到褚老智慧的真谛，既关乎思想也在于技巧，这都是我们长期研究的成果。我们坚信，只要你领略其中一二并付诸实践，小治则有改变，大调则脱胎换骨。

最后必须说明的是，完成这套书的写作，是我的心愿，更是一群人的共同努力，这里面既聚集了专业的研究者，还包括数位畅销书作家及褚老家族的成员。

这套书是我和考拉看看多位作家联合创作的，而真正的作者应该是褚老本人，我们不过是一群搬运工或者说观察者和见证者。

关于这套书，我们希望分享的是褚老的企业家精神、使命感和奋斗不息的勇者激情，不忘初心，矢志奋斗。

我们坚信，每个人都可以学习书中的精神和方法，而且可以变得更好！

感谢褚老，感谢我所有的搭档！

感谢所有的参与者！

感谢读者！也欢迎大家给我提出意见，邮件请发送至我的个人邮箱 24973558@qq.com。

张小军

2019 年 5 月

于云南玉溪、成都考拉看看图书馆

目　录

褚时健是如何干的

从酒厂到糖厂，从烟厂到橙园，褚时健很少评论自己的业绩。然而，无论是作为企业管理者，还是作为创业者，他都取得了辉煌的成就。他所有的业绩都是干出来的，用他自己的话说："干事，就是把事情整（干）成，只要认真，就干得好！"

我和考拉看看企业案例研究中心的研究员、作家，持续关注和研究褚时健的经营和管理之道已经超过8年的时间，我们一直在探寻的是，褚时健因何成功？他的经验如何惠及更多的企业管理者和创业者？

我们时常会做一个假设：面对同样的情况，褚时健会怎么干？在这本书中，我们会逐步分享我们的理解和认识。

（一）

最近几年，褚橙成为人气爆棚的网红，火遍大江南北，借助一颗颗大小、颜色、口味统一的"励志橙"，昔日"亚洲烟王"褚时健再度进入人们的视野，成为众多企业家和普通消费者追捧的对象。

褚时健是一个极富争议的传奇人物，他没有高学历，更不是海归，但粉丝众多，是能够影响企业家的企业家。在过去的91年里，他经历过太多起伏和磨难。尽管遭遇无数坎坷，但褚时健的每一次反弹，都无比精彩，甚至比之前跳得更高。他做过乡长、区长，参加过游击队，任过连队指导员，差点在战场上倒下；他先后在农场、畜牧场、酒厂、糖厂干过，而每到一地，表现均令人艳羡。

当然，最让人津津乐道的，还是他的两次创业。1979年，褚时健出任玉溪卷烟厂厂长，不到20年时间，他成功将玉溪卷烟厂做到亚洲第一、世界第五，他本人也被称为"亚洲烟王"；2002年，75岁的褚时健在玉溪市新平县哀牢山承包荒山种橙，开始第二次创业。2012年11月，85岁的褚时健种出的"褚橙"通过电商售卖，常常被抢购一空，他一举成为"中国橙王"。

从"烟王"到"橙王"，是外界给予褚时健非凡人生的褒奖，更是发自内心的尊敬。不过，对褚时健本人来说，他干任何事情时，并没有想过太高的目标，只是全身心投入，一门心思把事情干好并做到极致，最终结果经常远超预期。褚时健做事勤快是出了名的。当年，在酒厂酿酒时，他敲敲瓦罐就能听得出来酒精度高不高，酒的质量好不好，还可以用手感知酒大概是几度。这种境界，好比剑术大师，真正做到了人剑合一。正是这些通过自己亲手摸索出来的经验告诉他，只要你认真去领会去感受，你的感觉就会比别人灵，而认真去感受的背后，其实源于那份责任心。

这个世界上的绝大多数人都离不开工作，工作也占据了我们一生中的大部分时间，毕竟工作是安身立命之本，但不同的人，对工作的态度不同，最终的结果也大相径庭。那些浑浑噩噩、得过且过、被工作推着走的人，注定是历史烟云中的小水滴，最后消失于无形；而那些勤于思考、不抱怨、保持平和心态且积极主动解决问题的人，有可能成为一个时代的传奇，受世人敬仰，如日本"经营之圣"稻盛和夫；始终把"认真"二字融入日常工作之中的褚时健，亦是如此。

比褚时健晚4年出生的稻盛和夫，比前者幸运得多。最起码，他有机会进入一所地方高校鹿儿岛大学学习。稻盛和夫27岁时创办京都陶瓷株式会社；52岁时创办第二电信（现名KDDI）。令人称奇的是，这两家公司在他的带领下竟然双双进入世界 500 强。不得不说，稻盛和夫在企业经营方面的天赋极高。这一点，在他 25 岁时便开始显现出来。当时，年纪轻轻的他在精密陶瓷领域就有了划时代的发明创造。不过，让稻盛和夫闻名于世的，还是其企业家身份。在一些研究者看来，稻盛和夫本质上是一位追求正确思考和正确行动的哲学家，甚至有人认为稻盛和夫是集科学家、企业家、哲学家于一身的人物，这一复合型特征，在人类历史上也是少见的。

稻盛和夫之所以能够取得如此高的成就，被各国企业管理者视为精神引路人，与他数十年如一日地热爱甚至迷恋工作密切相关。在他看来，无论什么工作，只要全力以赴去做，就能产生很大的成就感和自信心，而且会产生向下一个目标挑战的积极性。事实一再证明，成功的人往往都是那些沉醉于自己所做之事的人。

稻盛和夫在其名著《干法》前言里写道："在今天的年轻人中，有一种明显的倾向在滋长，那就是不喜欢工作，厌恶劳动，并且还会尽可能地逃避工作的责任。有的人把'努力工作''拼命劳动'看得毫无意义，他们甚至对积极工作的人报以冷笑和鄙视。同时，社会上还出现了恐惧劳动的倾向。"稻盛和夫认为，工作是对万病都奏效的灵丹妙药，通过工作人们可以克服各种困难和考验，让自己的人生时来运转。尽管他遭遇一连串的磨难，甚至在大学毕业后，经老师的推荐才进入了京都一家制造电瓷瓶的小公司，而且在上班后第一个月没有如期拿到工资，但他拼命投入工作之后，人生的齿轮开始由苦难和挫折的方向朝着幸运的方向转动了。此后，他的人生进入崭新的状态，充满希望，不断成功。①

（二）

褚时健是不幸的，又是幸运的。不幸的是，褚时健曾跌落谷底。幸运的是，他重新站了起来，并被更多的人记住并崇敬。

2012年10月底，褚橙通过电商首次进京的消息经媒体报道后，王石在微博上留言："巴顿将军语：'衡量一个人的成功标志，不是看他登到顶峰的高度，而是看他跌到低谷的反弹力！'"这条微博被疯狂转发，徐小平、何力等人纷纷表达对褚时健的"敬佩与支持"。

没有谁的人生是一帆顺风的，如同一年有四季，前一秒晴空万里，说不定下一秒就是暴风骤雨。之所以少数成功者能站上人生巅峰，是因为他们经历的苦难更多、感悟更深、眼界更高。

1995年2月，一封举报信使褚时健的烟草生涯戛然而止。1995年12月，褚时健先行入狱的女儿在狱中留

① 稻盛和夫. 干法［M］. 曹岫云，译. 北京：机械工业出版社，2015.

褚时健：人生干法

下了遗书后自杀。1999年，云南省高级人民法院那份长达8000字的判决书，宣布褚时健因巨额贪污和巨额财产来源不明罪被判处无期徒刑，剥夺政治权利终身。2002年，因患严重的糖尿病获批保外就医。当年，褚时健承包了一片2400亩的荒山开始种植橙子。

人们很难想象，面对这段灰暗的经历，褚时健是如何能够承受住巨大的压力并勇敢站立起来的。王石曾感慨地说："得知褚时健保外就医后，专程到云南山区探访。发现褚老居然承包了2000多亩山地种橙子，橙子挂果要6年，他那时已经75岁了。"他打内心里佩服地说："人生最大的震撼在哀牢山上！"

有人曾经问年龄比褚时健更小的著名企业家柳传志，75岁时若再跌入谷底会如何，柳传志说："我肯定会心灰意冷，随便做点什么了。"

人都是要有一点精神的，尤其是遭遇逆境或重大挫折时，这种精神足以支撑着你闯过激流险滩。如果我们把命运比作实力强大的拳手，即便经常要挨上对方几记重拳，只要你咬牙不倒，就有机会打败对手。

有媒体将褚时健的这种精神称为"逆商"，其实"逆商"是一种在前进中直面困难，并从困难中重新站起来的精神。虽然人们很难知晓褚时健到底依靠何种力量重新站上历史舞台，并不断攀越新高度的，但在他心底深处，肯定有自己默默坚守的东西。

　　企业是由一个个的人组成的，而在这些人中，管理者无疑处于核心位置，起着领头羊的作用。领头的人不但要有面对逆境永不言退的霸气，更要有把企业带向康庄大道的正确做法。作为中国第一代本土企业家的代表人物，褚时健身上闪耀着打上时代烙印的"逆商"精神。他经历无数坎坷，不但没有倒下，反而愈战愈勇。

　　他数次于危难之际接手困难企业。每一次，摆在他面前的都是一个烂摊子。但褚时健的字典中没有"困难"二字，他说："这世上，太顺手的事情不多。不怕，再难的事情都不难；怕，再容易的事情都难。"

　　因为家庭的原因，褚时健从小就有一种迎难而上的精神。少年时，父亲早逝，褚时健就担起了家中重任。在地委和行署工作期间，他用自己的方法将复杂的征粮工作干得得心应手。

　　正是因为经历过太多磨难，褚时健每次都能将处于窘境的企业带向成功。而除了强大的精神力量，褚时健最值得人们学习的地方之一，就是身先士卒，想方设法解决问题，并用科学的方法让工作变得更高效。

　　1963 年，褚时健出任新平县曼蚌糖厂的副厂长，当时，该糖厂是一个员工不到 200 人、年亏损达到 20 万元的小厂。为了尽快将厂子从濒临破产的边缘拉回来，褚时健带头泡在车间，沉下心来研究工艺，他将传统的 3 个滚筒压糖变成了 12 个滚筒压糖，如此一来，甘蔗中的糖分被充分提取。加上褚时健严格控制成本，该厂仅用一年时间，便由亏损转为盈利。

通常，人们看到的是敢于承担重任并不断取得成功的褚时健，但在儿子褚一斌眼中，褚时健是一个极度标准化、极度机械化的人；而在王石眼中，褚时健是一位精算大师。褚时健曾说，也许别人做完一件事差不多就行了，但他自己坚持说不行。比如，他要采集一个数据，这次不满意，要重新再来一次，如果又不满意，还要再来一次。

现在很多人都比较浮躁，但褚时健心中有一种定力。曾有人问他，为什么75岁了还要来种橙子。褚时健回答说，很简单，不甘心，不想活得这么寒酸。有人说褚时健是一个工作狂，是一个工作的永动机，他自己没有什么爱好，但做什么事情都要做好。

（三）

最近几年，中国跃升为世界第二大经济体，科技发展日新月异，在现实的激烈冲撞下，不少新观念层出不穷。其中，"啃老族"增多就是一大新现象。事实上，"啃老族"并非找不到工作，他们通常有谋生的能力，只是主动放弃了就业的机会，宁愿赋闲在家，打打游戏混日子，日常衣食住行开支全靠父母承担，而且消费时喜欢追求名牌。

"啃老族"的出现，原因是多方面的：高等教育日趋普及化，大学毕业生越来越多，部分人总觉得自己学历不低，拉不下面子去做"档次"不高的低薪工作。此外，"80后""90后"从未经历过饿肚子的痛苦，没有吃不起饭的紧迫感，这也直接导致部分人对工作的需求不高。

其实，邻国日本也曾出现过这一现象，并引起稻盛和夫深深的忧虑。

在《干法》一书中，稻盛和夫写道：日本这个国家迎来了一个"没有方向的时代"。一方面，人们找不到前进的明确指针；另一方面，人们又面临许多过去未曾碰到过的问题：社会趋向于少子高龄化，人口减少，环境恶化等。同时，人们的价值观本身也陷入了混乱之中。对于人生中费时最多的"劳动"的观念扭曲，以及对于"工作"的认识改变，正是价值观混乱的表现。稻盛和夫发出疑问，"人为什么要工作""劳动究竟为了什么"这么重要的问题却无人探讨。刚踏进社会的年轻人，把工作视作剥夺人性的苦役。甚至很多人干脆不求职、不工作，选择在父母的庇护之下混日子。要不然就不务正业，靠打零工糊口。看到这种令人痛心的情况，稻盛和夫说，无论如何，他要把自己对"工作"的正确认识告诉这些年轻人。

对于大多数人而言，达到一定年龄后，都要工作，而工作有三个最本质、最重要的问题，即"人为什么要工作""怎样才能爱上工作""怎样更出色地工作"。

对于"人为什么要工作"，如今大多数的人回答都是为了赚钱。但对于出生于20世纪20年代末，经历过计划经济、改革开放等重大历史阶段的褚时健来说，这个答案可能是难以接受的。毕竟，当时的时空背景，如何通过努力工作吃饱饭、为国家多做贡献是第一要务。对此，稻盛和夫认为无可厚非，褚时健也坦言，创业种橙子，也是为了生活。按照马斯洛的需求理论，吃喝穿住是最基本的生存需求，只有挣到钱，才能维持基本生存。

对于"怎样才能爱上工作"，稻盛和夫提出的办法有几点，包括改变"心态"、"迷恋"工作、倾听"产品的哭泣声"、成为"自燃型"的人等。

与稻盛和夫不同，没有学习过专业管理知识的褚时健，并未提出太多理论。作为实战型管理学大师，他的理论更多来自坎坷的人生经历和生活实践，以及他不断进行的思考与总结。

或许，褚时健没有研究过当代管理学大师的理论，但他对员工和工作上的一系列做法，与最先进的科学管理方法是高度吻合的。比如，早期在糖厂，中期在烟厂，后期在褚橙，每次面对难题，其他人无计可施时，褚时健都是第一个冲在前面，蹲下身来，充分调动脑海中一闪而过的灵感，寻找解决办法。而这种做法，是褚时健几十年如一日，对工作始终保持持续的热情训练出来的。

众所周知，历史上很多成功的企业家，在长期的经营过程中，经过时间磨砺，逐步形成了自己的一套管理方式或工作方法，有的人还出版了大量的管理学理论专著，供其他管理者或后人学习借鉴。

第二次世界大战之后，随着和平与发展成为时代主流，社会经济得到空前发展。而时代环境的改变，也对企业经营者提出了更高的要求。为了在形势复杂多变的商品经济大潮中立于不败之地，要求企业家同时拥有管理专家、理论家、冒险家、思想家、政治家等多重身份。

从某种意义上来说，褚时健似乎没有庞大成型的理论体系，但他有自己的一套通俗且接地气的理解。

在他看来，从个体来讲，人要有所作为，有所作为不光是为国家做，为集体做，也是为我们自己做；要把它做好，做不好事情就没作为。一个企业如果对社会没有好处，就没有存在的必要。每个人总要担负一定的责任。

有趣的是，如果我们认真梳理褚时健91年的人生历程就会发现，他的理论体系正悄然成型，并变得日渐丰富起来。比如，在褚时健身上，一旦他认定了一样东西，浑身上下就有一股子夯劲；对于工作，他认为只要认真就能做得更好，人生最大的兴奋点是工作；在管理上，他始终认为，永远都不能让别人吃亏；在社会责任方面，他认为给社会的越多，企业成就就越大；在做人方面，他认为仁义是根本……

褚时健的人生，充满传奇色彩而又让人亲近；褚时健的故事，精彩纷呈而又令人回味。

这一本书，是我们继总结褚时健的管理和经营思想的第三本作品，它和前两本的不同之处在于，我们从干法的角度出发，来分享褚时健的人生经历与智慧。

当你面临困难时，试想一下，如果是褚时健会怎么干。阅读完本书，我们相信，你的行动会不一样。

第一部分

发自内心热爱事业

无论在何处，即使在最困顿的岁月里，褚时健也绝不向逆境妥协，而是执着地用智慧找到向阳之路。

　　要战胜恐惧走出困境，对于褚老来说很简单：足够的坚持，十分的热情，活着，未来就会有希望。

恐惧是什么？对于褚时健来说，恐惧是他15岁时失去父亲后用稚嫩肩膀扛起整个家的忧虑，是他听闻因贪污牵连的女儿在狱中自杀的绝望，是他锒铛入狱后保外就医时已是75岁高龄，兜兜转转，一切仿佛回到原点。但对于褚时健来说，这些磨难都是人生的财富，在他的人生字典里，就没有"消沉"两个字。

　　2400亩地！10年来，褚时健和老伴在哀牢山细心耕耘每一块土地，有时候就住在农田旁、能看见星星的帐篷里。10年后，"褚橙"上市，褚时健已从"一代烟王"蜕变为种橙专业户。一夕家破人亡，一朝东山再起，恍若一夜之间，却已间隔10年。在困境中，褚时健靠的便是韧性，把握当下、活在未来的乐观和勇气。

　　在被打入"右派"的凄凉岁月中，褚时健身患疟疾所幸捡回一条命，之后顿悟了那时的活法："人随时都有可能死，也随时都有可能活。所以那时我就明白人只要活着，把每一天安排好，就是对人生负责任。"

　　在元江红光农场的日子非常难熬，但有褚时健在，尽管赶上"三年自然灾害"，别人连饭也吃不上，可他们农场偶尔还能吃些鱼和野味。为了钓鱼，因为没有线，褚时健就把衣裳拆了扭成细绳拴着鱼钩去钓，甚至动用炸药。

　　无论在何处，即使在最困顿的岁月里，褚时健也绝不向逆境妥协，而是执着地用智慧找到向阳之路。

　　要战胜恐惧走出困境，对于褚老来说很简单：足够的坚持，十分的热情，活着，未来就会有希望。

第一章

认定一样东西

现在，很多人都比较浮躁。但我的心中有一种定力，我知道按照我的这种慢的做法，也能赶上那趟车。

——褚时健

褚时健为何能够连续干成想干的事情，在这本书里，我要分享的是褚时健的基本干法。我始终认为，要借鉴褚时健的经营管理策略，必须从认识他的经历开始，我相信这些干法是他发自内心的力量，是内生动力。

坚持，对于现在的人来说是一件挺难的事儿，但对于从前的人来说很简单。父辈们多数待在同一家集体单位从青年直到老去；锻造铁器的师傅挥了一辈子铁锤，炉火熄了又燃，从不止息；表只戴那一只，人只爱那一个。

现在，放在人们面前的诱惑很多，让青年人一辈子只做一件事，并不容易。不喜欢就换，心情不好就不做。在深圳三和人才市场，多的是浪荡街头、做一天工作便歇息一天的年轻人。

毫无定力、浮躁成了困住现代人前行的枷锁。

也有青年人背着壳像蜗牛一样笨拙地向上爬，但身边一个又一个一夜暴富的创业者或一夜成名的"网红"，给了他们暂时难见回报的努力沉重一击。

人生自古多曲折，路上总是时而风雨交加、时而霜雪侵骨，但也伴有阳光雨露、彩霞满天。现代青年人的这些忧愁，对于经历了鬼门关考验和痛失爱女的褚时健来说，都不算事。

褚时健 70 岁入狱，73 岁保外就医，75 岁开始种橙子。褚橙一炮而红，在刷新了消费者味蕾体验的同时，更一跃成为中国橙行的业界标杆。同时火起来的还有褚时健本人，令很多年轻人难以想象的是，他的人生道路是一条"V"字形。他给年轻人很多宝贵的人生经验，"年轻人不要急，在低谷之中耐得住寂寞，持之以恒方能扭转局面"。

持之以恒，就是褚时健所讲的"夯劲"：认定做的事情，就一定会死磕到底。褚时健对种植业并不精通，但他认定自己闲不下来，认定自己还能从中找到成就感，于是他就一头扎进学习当中。栽培、剪枝、灌溉等每道工序都从头学起，经过反复摸索，最终成为种橙专业户，成就了一代"橙王"。

他告诉我们，尽管命运捉摸不定，人生道路曲折不平，但只要活着，想做什么都不算晚。凡事慢慢来，一切来得及。

年轻人不要急

随着褚橙的成功，越来越多的陌生人登门拜访，在身体允许的前提下，褚时健会抽出时间和拜访者聊一聊。

他告诫拜访者，最重要的干法是不要急，从放慢心态开始。基本上所有拜访他的人年龄都比他小，所以他的总结就是"年轻人不要急"。

75岁再创业，褚时健让世人惊叹。特别是选择种橙子时，不少人都觉得不可思议。熟悉水果行业的人都知道，橙子的生长周期长，不像褚时健之前做的烟草，今年种植，明年便可以销售。橙子从育苗到挂果，非得等上五六年不可。

对于一个青年人来说，四五年弹指一挥间，但是对于褚时健而言，四五年充满了太多的未知数。褚时健自然也知道这个道理，他曾经坦言："我75岁种橙子，等挂果也就80岁了。"

在哀牢山上，褚时健带着技术人员，从肥料配比、浇水频次、开花时间控制，每个细节都一一坚持用实验进行控制。曾经的农业生产是靠天吃饭，但褚时健用工业化制度经营，把农业对自然气候70%的依赖度降到了30%，因此，他种出了大小一致、酸甜适中的橙子，这样的橙子一上市就获得了消费者的一致好评。

到了2012年，褚时健种橙子已经走过10个年头，通过线下渠道和线上电商，"褚橙"的名气迅速响遍大江南北，人们惊叹，曾经的"烟王"已经变为名副其实的"橙王"。成功并非一朝一夕，从2002年到2012年，十年如一日。褚时健慢工出细活，终于获得市场认可。10年间，有多少诱惑让人侧目，又有多少困难让人放弃，但褚时健一心种好橙子。

褚时健的慢工出细活与现今的一些社会现象形成了鲜明的对比，如今是一个快餐时代，人人都在追求速成之法。"七步学会投资""90天英语速成"，仿佛速度是一个人成功的关键。但是欲速则不达，很多聪明人往往一马当先，却因为急于求成而最终走向失败。

稻盛和夫在《干法》中曾说道：企业家总是会面对两种员工，一种是头脑灵活、聪明伶俐的，另一种是反应迟钝、忠厚老实的。经营者往往会倾向于选择前者。但是根据他几十年的经验来看，后者往往能够为公司贡献更多的力量。因为头脑聪明者更易务虚，心思灵活，很难聚焦于一点并持之以恒。而"迟钝者"做起事来不知疲惫、孜孜以求，虽然刚开始处于劣势，但是通过持续努力，便会获得质变。

不仅员工如此，领袖也一样。我们周遭不乏七十二般变化的齐天大圣孙悟空，却缺少信念坚定、始终如一的唐三藏。从长安到灵山十万八千里，多少人败在了自己的脚下。每年都有大量刚毕业的学生进入褚时健的果园里工作，褚时健会让他们从基层做起，磨砺心志。曾经有几个年轻的小伙子，在果园工作不到一年，便向褚时健讲，自己想去创业，每天在这果园里务农实在是"太委屈自己了"。褚时健便对他讲道："如果你能再坚持两年，就会成功，为什么？磨炼你的'心气'，你现在耐不住自己的性子。"

2014年褚时健接受《中国青年报》的专访，也曾表示现代的年轻人都太急了。"现在社会上太多人想做些可以一蹴而就的事，都想找条直路走。尤其年轻人，大学读完书进入社会刚几年，就想搞出名堂，实际不是这样。人生很多事，不是一条直线。"①

褚时健讲出了当下时代的弊病，中国人仿佛是全世界最着急的民族。现在的中国人普遍处在"焦虑"中，每个阶段都在不断追逐，但所追逐的很多都是与自己现阶段生活不匹配的高标准，生活过得像赶场一样，一旦

---

① 庄庆鸿.褚时健对话中国青年报："人生很多事，不是一条直线"[J].中国青年报，2014-7-4（3）.

不能完成目标，就会产生深深的焦虑。不论生活和事业，他们都急于获得短期回报，做什么事都想一蹴而就，而忽略自己本身的实力和经验的不足。

正如近几年，大众创业成为热门话题，许多人只看到创业成功者的光鲜亮丽，却没看到其背后所积累的经验和智慧。因此很多人盲目跟风，没有分析市场和自身产品的竞争力，最后只能淹没在创业的浪潮里。很多人会好奇，为什么褚橙能成功？褚橙的成功，源于褚时健在创业初期的调研和观察，在种橙时对技术和人员的精细化管理，以及对橙子质量严苛的标准化管理。这每一点都是褚时健宝贵的人生经验，不是三两年就能领悟到的。

在另外一次采访中，对于现代年轻人想"一夜暴富"的浮躁心态，褚时健也发表了自己的看法："时代不同了，年轻人期望值很高，很多人想一夜暴富，不能承受短期内没有回报的事。而我年轻时，一家三口人从昆明到玉溪，看到修路工人们临时住的房子，都十分羡慕。当时我们都觉得一辈子能住上这样的屋子，这一生就得了！"①他认为现代年轻人凡事都想得很简单，总想找现成，靠大树，撞运气，没有认真去钻研技术和专业，对

① 周圆圆.褚时健：年轻人创业"别着急"［J］.农产品市场周刊，2017（3）：30-31.

工作没有太多的耐心和毅力，所以有的人做了很多事却一事无成。

他还说，种褚橙已经 10 多年，褚橙的名声也是逐渐累积起来的。这 10 多年并不是一帆风顺的，也遭遇过很多困难和挫折，攻破一个个难关后，他才有了现在的成绩。现在年轻人还有很多时间，不要急于成功，先要修炼好自己的内功，增加自己的经验和专业能力。成功不是那么容易的，需要时间去积淀，花时间一步一个脚印、脚踏实地地钻研自己的产品，这其中更需要坚持，以及在坚持中不断去完善。

活着就有希望

褚时健把烟厂和褚橙带到了新的高度，这些业绩不过是他内心坚毅及付诸行动的表现而已。其实褚时健的经营管理思想也是逐步探索出来的，他干的很多事情，并非多数人理解的追求财富，真正的原因是好好活着。

何谓活着？褚时健的干法就是不断解决问题。他对生活总是充满希望。

著名的物理学家霍金说过："无论命运有多坏，人总应有所作为，有生命就有希望。"褚时健历经坎坷，生活的真谛对他来说，就是把握当下，活在未来，因为生活总会给人们留下希望。

褚时健一生跌宕起伏，几经大起大落。而世事流转，他依然阳刚十足。不难发现，他的人生并非直线，而是一条曲曲折折的岁月长河，挫折与坎坷裹挟其中。[1]他烤

---

[1] 陈芳.褚时健与红塔：国企改革一面镜子［J］.商，2012（6）：20-21.

过酒，扛过枪，待过机关单位，下过农场，经营过戛洒糖厂、玉溪卷烟厂，却又在辉煌之际突然锒铛入狱，75岁保外就医后不甘清闲，他再次开启了全新的创业之路。

褚时健曾公开表明，自认为他人生的最低谷阶段，是下放到元江红光农场改造的那段时间。那时元江的冬天异常寒冷，长时间、高强度的工作加上有限的粮食，让褚时健吃了不少苦头。当时褚时健生过一次大病，全身无力，甚至无法起身。连续躺了四五天后，鼻子开始不停淌血，嘴里也有血，血满了只能一口咽下去，最后他连咽的力气都没了，人也昏了过去。那时农场里许多人都有疟疾，严重者甚至因此而去世。当时褚时健意识到自己应该也得了疟疾，自己也可能会命丧在这个农场，躺在床上的他，思想非常悲观。①

天无绝人之路，当时在农场改造的医生罗载兴听说有个人快要病死了，立即前去看病。此时褚时健已经昏迷不醒。经过观察，罗载兴确诊褚时健感染了严重的疟疾，为此，他拿出压在药箱里的两片西药"奎宁"给褚时健喂了下去。第二天，褚时健的状况就有所好转，不流鼻血了，烧也退了，精神也一点点恢复过来了。

病情稳定后，从鬼门关走了一遭的褚时健，继续每天日出而作、日落而息的生活，但此时他的心态已经大

---

① 周桦.褚时健传［M］.北京：中信出版社，2016.

变。几十年后他回忆道："当时我感觉离死的距离很近，人随时都有可能死，也随时都有可能活。所以那时我就明白人只要活着，把每一天安排好，就是对人生负责任，想得太多没有任何意义。"有了这段特别经历，褚时健在后来企业经营中日渐显露出想做就做、做就做到极致的性格。他这种雷厉风行的作风，不是头脑发热的故作姿态，而是经历生死后的一种人生品格。

1995年，褚时健的妻女进了监狱，罪名是投机倒把。褚时健回忆，当时妻子马静芬感觉天都要塌了，因为褚家和马家从来就没有人坐过牢。马静芬刚进监狱时，一连4天不吃不喝，然而，即便如此，她也从未想到过死亡。对于褚时健夫妻来说，坐牢不可怕，人不会轻易死去，但最大的灾难就是女儿不在了。1995年12月，褚映群在狱中留下遗书自杀身亡。得知消息的那一刻，一辈子没哭过的褚时健打电话给他的律师马军，在电话里号啕大哭，说："姑娘死了，姑娘死了，死在河南，自杀了！是我害了我姑娘，姑娘早就跟我说叫我退休，可我一直想着多干干，把我们厂再做大一点，我要是早听姑娘的话退休，姑娘就不会有今天……"马军至今还没有忘记当时看望褚时健的场景，褚时健一个人坐在沙发上，屋子里黑乎乎的，只开了一小盏台灯，平日里一向雷厉风行的褚时健那时就像一位孤单无助的老人……

在两位老人的心里，只要不是攸关生死的事，任何事情都不算大事。正是这个原因，当马静芬得知褚时健的最后宣判结果时，心中反而踏实了，因为老伴儿可以活着。也正是基于这个信念，褚时健夫妻即便在监狱中4年多的时间未曾见面，却依然可以做到相濡以沫。后来马静芬先出狱，便每周去看望丈夫，低谷的日子也就这样度过了。褚时健说，夫妻最难得的是甘苦与共。

既然经过此劫，幸而大难不死，那就不能白白地活着。褚时健大半辈子都在商界打拼，而且做的都是与农民、农业息息相关的事情。早在"红塔山"时代，褚时健在上游与烟农、烟田密切联系，在下游与各大市场、经销商接轨，几十年下来，以工作为"戎马"的习惯早已养成，更不是一场牢狱之灾就能冲蚀的。褚时健身处牢房时，弟弟来看望他，给他带了橙子，他吃过以后觉得好吃，"褚橙"计划便有了雏形。

2002年，褚时健带着妻子上了哀牢山，对此，褚时健说过这番话："种果树有一个好处。春天开花，夏天果出来，秋天收了。每一次来的时候都有一点变化，希望就在这里。人有希望就好，活着就会有希望。"

四十而知天命，那么年过七旬本是颐养天年的时期，离开监牢自当好生调养，但褚时健亲上哀牢山种橙，似乎又是在给自己找苦头。他的做法自然引起很多人的不解，甚至惊讶。但褚时健从来都有着自己的主见："当时我说闲着也是闲着，就当自己给自己找点乐趣吧。当时我是认定搞这个了，别的我也不会搞，就喜欢有自己的一块小天地。"

每个人的轨迹不尽相同，尤其是到了一定年龄的时候。有人选择停下来安享，有人继续兢兢业业，也有人继续奋战在一线，或是切换角色开辟另一番天地。当了大半辈子农妇的摩西奶奶到了 70 多岁才开始画画，结果一举成名，为后人留下深刻的启迪。在摩西奶奶的鼓励点拨下，处于迷茫时期的村上春树开始写作，成就了另一番人生。如果摩西奶奶和村上春树只是沧海一粟的个案，普通大众很难真正了解到个中缘由，那么褚老的劫后重生切切实实为我们证明了一个道理：只要活着，什么时候开始都不晚，只要想做，任何时候都不晚。因为希望一直都在。

成功的关键因素

我问过褚老很多次，是什么原因让他很成功？这其中有什么秘诀吗？

褚老每次面对我的问题时，答案都如出一辙——认真干。这不是什么具体的技巧，而是要从心开始。

人的一生，说长不长，说短也不短，我们终其一生其实都是在摸索、寻找适合自己的生活方式，适合自己的工作事业，适合自己的爱人、朋友。有的人很快就能找到方向，大步前进，而有的人一辈子都在摸索中彷徨。人们曾经提倡非黑即白的世界观，比如，刻苦努力是对的，懒惰闲散是错的。然而，到了个性化的今天，对于人生的过法已经没有一个明确的评判标准。

于是，当新闻屡屡爆出某个人套现多少亿元，某个人嫁给富翁，某家公司融资上市这样的消息时，总能成为大众焦点，有人唏嘘，有人追捧，似乎"不劳而获""快速变现"这样的词已经成为当下国内的热点。然而，纵然每个人心中都有自己的一杆秤，当我们看到"褚橙"在国内水果市场犹如一匹黑马杀入时，都不由地感到震惊，甚至百感交集。随着"褚橙"知名度的打开，褚时健这位沉寂已久的老人再次回到了公众视野。在许多人眼里，褚时健颇有王者归来的风范，但这背后是无尽的辛劳和坚持。

褚时健和老伴在哀牢山包下 2400 亩果园时，他们已经是 70 多岁的老人了。他们种下了 24 万株小树苗，然后看着它们一点点长高、发芽、开花、结果。刚开始种橙子时，褚时健带着老伴每天穿梭在山间地头，最苦的那段日子，山上没有住宿的地方，褚时健便索性在果园搭起了简陋的棚子。还好当地降水较少，气候干燥，不然抬头便能看见星空的棚子必定挡不住风雨。

这一埋头就是 6 年。

褚时健花了 6 年时间，驯化漫山遍野的冰糖橙。哀牢山降水较少，再加上云贵高原以喀斯特地貌为主，地表水稀缺。曾经在这里种植的满山甘蔗，在有些干旱年份甚至毫无收成。褚时健在经过一番实地勘察之后，开始运作水源：从哀牢山到基地这段，他投资了 138 万元架设了两条饮水管；在基地内又投资 64 万元建立 6 个蓄水池，安装灌溉输水管道 58.3 千米。之后，他又安装了微型喷灌设备。①

---

① 吴洁.大佬务农：褚时健与他的"励志橙"[J].小康·财智，2014（2）：40-45.

水源问题解决之后，他开始对肥料、修剪等进行严格要求，连枝丫需要保留和修剪多少厘米都有具体的数字，并督导工人严格执行。为了种好橙子，通常下午 3 点刚过，70 多岁高龄的褚时健就头戴一顶草帽，顶着高原炽热的阳光，带领着几个作业长走进果园，查看果树及果子的长势。随着年龄越来越大，褚时健的腿脚不太方便了，蹲下去就站不起来，因此他在果园里的步行巡视变成了坐车巡视，在果子成长的几个关键时期，他不光要亲自看看树，还要看到果，蹲不下去，他就让别人扒开枝叶，他必须看到果实真实的样子。

对于种果树，褚时健最初也是门外汉，但他很喜欢钻研问题，做很多事情都凭借着一股夯劲，凭借着一股学习的劲头。他很喜欢走进果园，细细观察学习，他自己形容那是"和果树说说话"。白天发现了问题，晚上睡不着，他就看书、琢磨，有时一人独自学习到凌晨三四点。

"刚种橙子的时候，我个人并不懂技术，我们的技术人员原先也不是在新平这搞果树的，老经验解决不了新问题，所以果园发展过程中遭遇了几次危机，这个时候还要靠我来指挥。我不能瞎指挥，不能盲目，一个人不懂就不要做，否则会把事情搞坏的。"为此，褚时健恶补种橙技术，从不懂到懂，他在实践中不断摸索。2005 年，为了解决当时保留下来的 3000 棵老果树口感淡的问题，褚时健和技术人员不停琢磨，反复分析，终于找到问题所在，原来是氮肥太多，影响了口感。调整肥料结构的第二年，这些老树的果实口感果然上了好几个档次。

人生是一场马拉松，起点高的人不一定能跑到终点，而到达终点的人，无论个中艰辛，却是最大赢家。笑到最后的人，往往不是最聪明的人，反而是一些不大聪明，甚至用了很多"笨办法"走过弯路的人，这样的人有着惊人的毅力和韧劲，在不知不觉中练就了一身铜皮铁骨，经得起生活的摔打。这就如褚时健所讲的"夯劲"：认定做的事情，就一定会死磕到底。凭着这股"夯劲"，褚时健虽然一开始不懂得种橙子，但经过反复学习与摸索，他成为种橙专业户，成就了一代"橙王"。

75 岁之前，褚时健已经有过几次创业成功的经历，而且均大获成功。那么到了 75 岁这个本该颐养天年的年纪，还有什么可怕的呢？用褚时健自己的话来说，他自己身上的这股"夯劲"，就是成功的一个关键因素。

大道至简，总结褚时健成功的干法，最重要的因素还是他不停地在解决问题，一个一个地解决问题。和很多人不同的是，他发自内心热爱自己的事业。

把握当下

褚时健说："我是一个着眼于未来的人，一切为了未来。"

日本著名作家村上春树在其散文集《兰格汉斯岛的午后》中，提出了"小确幸"一词，指代生活中微小而确切的幸福，他写道：如果没有这种小确幸的人生，人生只不过像干巴巴的沙漠而已。对于褚时健来说，他的小确幸就是把握当下，活在未来。

随着褚橙知名度的打开，褚时健这位曾经的"中国烟草大王"再次出现在大众面前。让世人震惊的是他以75岁高龄创业种橙，并在10年后将褚橙打造成全国水果知名品牌。褚时健从不做没把握的事情，他认为做事要有七八分把握才可能成功。

出狱的褚时健决定上哀牢山种橙子时说："我选择现在还种橙子，第一是因为我闲不住，我要有一件事干心才安，不然就整天发闷气；第二，我70多岁没有一个理想的固定收入。但是我对种橙子有把握，老了后生活有一个着落。闲着不如找这个事干，不然闲得无聊。"

褚时健解释，事业是他的一种乐趣，而且人生总要有希望，它可以支撑人的精神，成为人真正的精神支柱。"如果我现在什么都不干，只是躺在家里面，只是吃，实际上我人生的希望就没了，老得也快了。"褚时健表示，精神支柱对于每个人而言都十分重要，对褚时健来说，他如今所做的事情就是把自己的这根"支柱"延续到哀牢山上的每一棵果树上。

人要活在相信中，因为只有相信未来才有希望。褚时健在企业经营管理中取得如此成功，也是源于他善于观全局，用长远的眼光为未来作打算。比如，在玉溪卷烟厂，他就会提前储存烟叶，进行自然发酵，以生产更高质量的卷烟。除了眼光放在未来，把握住当下也是极其关键的一环。既然决定了种橙，褚时健便开始一步一个脚印，踏踏实实地种好橙子。

不同于年轻气盛、备感压力的创业者，褚时健到了这个年龄，早已见识过大风大浪，有着"却道天凉好个秋"的心态。"从人生的顶峰跌入谷底，当时也没想那么多，只要高高兴兴的，什么都过得去，所有心思都在干事上。"褚时健说道。当一个人达到极度专注时，他自然而然就听不见外界的嘈杂和质疑了。

虽然褚时健过去的事业一直没有离开农业，但种植业千差万别，为了钻研果树种植，他一头扎进了密集的学习当中，研究国内外的橙子情况，研究树苗栽培、剪枝、灌溉等各个环节。过去在玉溪卷烟厂的时候，褚时健跟着左天觉学习到了量化每个环节的工作方法，这个方法现在也成了他的工作习惯，运用到了各个细节上的精算里。当王石到哀牢山拜访褚时健时，也不由赞叹褚老是一位精算师。

种植业上的精算工作并非一朝一夕就可完成，它需要长期地观察、总结和实践，还要因地制宜，不断摸索出一套最佳方法。比如枝叶修剪，修剪工作并不是外人看到的那样随便拿着大剪刀剪下来，而是长时间的细节活。"高产量跟剪枝这个细节有很大的关系。"褚时健表示，"我每年都在观察修剪的细节，每一种修剪方式最后得到什么样的结果，一年一年地观察、总结，就能找到最科学、最合理的剪枝方案。"

虽然褚时健无须像果农那样从事辛苦的体力劳作，但他常常亲自去果园，到田间去观察。"前段时间雨水多了，落果了，我会来到田里面看，果子怎么掉的，是自然因素的影响，还是属于什么病，弄清原因。如果发现真实情况跟工作人员反映的不一致，我就把工作人员叫到跟前，问是什么情况，为什么会这样？为什么生病？是水浇多了还是肥施多了？这些情况我都要落实的。"褚时健幽默地表示，"我虽然老了，但想糊弄我也不是一件容易的事情。"

　　果树结果、成熟以后，褚时健会亲自摘下来品尝，在他看来，种出符合大众口味的橙子是他经营"褚橙"的根本目标。孜孜不倦的钻研精神，让褚时健成了果树种植的行家。由于上了年纪，腿脚不大灵便，褚时健后来去果园都是让司机开车过去。到达果园以后，他甚至不用下车走近果树，单是坐在车上观望，都能发现果树是否出了问题。为了深入一线，褚时健的办公室就设在田间，这样可以直接和果农交流遇到的问题，商量解决方案。

　　人生的长度往往无法自己控制，人生的宽度却可以牢牢掌握在自己手中。在有限的生命里，努力把厚度拓宽，是褚时健一直的追求。

　　把握眼下，才是如褚时健一般的人生智者的选择。褚时健身上有一股力量，这种力量不关乎技巧，所有的管理技巧都是技术层面的东西，关键还在于内心坚毅。

慢慢积累

现任褚橙基地掌舵人、褚时健之子褚一斌在谈到自己的父亲时，认为褚时健是一个极度标准化、机械化的人。多年的极度认真深深烙进了褚时健的骨血里，养成了严重的"强迫症"。比如，采集一个数据，别人做了一次就觉得差不多了，但褚时健会反复采集，耐心十足，不会有"差不多"的概念。"现在很多人都比较浮躁，"褚时健说，"但我心中有一种定力，我知道按照我的这种慢的做法，也能赶上那趟车。"

对此，曾研究过褚时健的北京大学光华管理学院的黄铁鹰教授称赞说，褚时健的这种敢于慢下来的精神，是一种勇气。无论做任何事，都要做好，慢一点没关系，但质量一定是根本，这是工匠精神的本质。工匠精神不仅体现在手艺人身上，也能在诸多受人尊敬的企业家身上看到这份匠心，而褚时健无疑深谙此道。

2008 年，褚时健的外孙女夫妇归国，褚时健和他们谈话时表示，读书的经历走完了，现在步入社会就得从头开始，一步一步慢慢积累。"人的一生它都会给你很多的机会，就是看你这段积累够了没有。你积累够了，到时候你抓得住这个机会；你积累不够，你也抓不住这个机会。"褚时健说。

当时孙子辈对农业不感兴趣，毕竟农业的收益很慢，他们想要做一些可以短期就盈利的项目。如今的社会风气如此，以赚钱快速为目的，追求短、平、快的人更不在少数，总是缺乏一种沉淀和积累，因此，虽然创投公司层出不穷，但倒闭的也比比皆是。

为此，褚时健常常告诉现在的年轻人，不要着急，做任何事情都要学习总结，不管是成功还是失败，都要好好总结，这样才能为将来制订更明确的计划。长此以往，这就是自己的经验。

褚时健也是这么做的，褚橙基地一直不缺专家造访，他们提出建议后，褚时健都会再把大家召集开会，一起讨论专家的建议，哪些可以采纳的，要注意；哪些是不适用于基地的，避免盲从。"自然开花结果的东西，都有大小年。"褚时健说道，"像今年果子多，我得考虑明年果子不能少，我现在就要有大小年的准备，小年不要太差。"有一年褚橙增产30%，但肥料比头一年多用了60%。单单这60%的精算，背后却是看似非常笨拙的总结方法：根据各类树的特点，筛选出典型，然后一棵棵去数，大树和小树要分开来计算。这样的肥料结构足足让褚时健团队摸索了四五年。如此耐性，当今恐怕没几个企业做得到。

既然选择了农业，就决定了这个过程的慢，褚时健也明白这个道理。得知橙子挂果、产生经济效益的时间长达 5 年之久，他并不着急。就连最初在哀牢山上的那几年，橙子收益不高，他也不着急。多年与农业打交道的经验告诉他，果子生长是有规律和周期的，过早地让树木挂果和揠苗助长没有本质区别。农业的基础最为关键，即便问题再多，也必须一个一个好生解决，因为凡事都是有规律的，着急是没有用的，农业必须慢工出细活。就这样，一年又一年，每一年的果树都会出问题，但问题会在当年之内解决，来年就不会再出同样的问题，却会产生新的问题，然后再解决，如此循环，周而复始。这样的摸索阶段，一去就是好几年。

黄铁鹰教授曾经问过褚时健，外行能不能有效管理内行。褚时健给出了否定的答案，同时指出，外行需要学习，至少要懂得七八成才能去决策。学习自然要花很多时间，而愿意花这份时间的人着实不多了。这样的耐性在农业管理上尤其重要，浙江著名企业家鲁冠球曾经表示，中国的农业是整个中国经济的痛点，一旦"三农"问题解决了，中国经济发达就指日可待。显然，农业虽然很难，但农业的潜力却是巨大的。当下做农业的人也不在少数，然而能坚持下来的却不多。褚时健对此表示：

"每个人的想法不一样，有的人就想一口吃个胖子，农业这个东西肯定不行，而且不是有钱就能把事做完。从种植到品控，到整个销售，所有的工序都做完了之后才能见到利润，不像卖房子，农业这东西一定要踏踏实实地做。"

第二章

热情面对工作

我倦怠不起来，我的性格就是这样，从小到大，在顺境里都会首先把事做好，事情没做完心情是不宁的。

——褚时健

褚时健曾说过："我倦怠不起来，我的性格就是这样，从小到大，在顺境里都会首先把事做好，事情没做完心情是不宁的。"

其实这种"不安"和"闲不下来"的特质正是深度投入工作后的自然反应，当他"爱上"自己的工作，别人看起来特别辛苦的事于他而言就是享受。

有的人在工作中常常周期性地感觉自己"丧失了工作动力"，可若是追问下去，问他们"动力来源是什么"，他们又很难答上来，感觉自己也说不清楚。

褚时健从没想过工作动力的问题，反观当下，我们已经可以越来越自由地选择要从事的工作，但奇怪的是，很多人的工作幸福感却并没有比自己的父辈提升多少。对工作的迷茫感折磨着新时代的年轻人，于是他们不断地更换工作，试图找到一种能让自己持续保有兴奋感的工作。不过这注定是徒劳的，因为他们没能意识到：工作给人最大的回馈恰恰就是工作本身。

没有付出就没有回报。如果你不能先全身心地投入正在做的事，那它自然也不会反过来点燃你的工作热情。开启工作动力的引擎不在别处，就在工作者自己身上，事情就这么简单。从心理学层面看，生命在关系中才能够展现自己的动力。生命体的动力展现不仅发生在人和人的关系之间，也发生在我们和事物之间。当一个人全身心投入工作中时，他作为生命体的存在能够与他手头的工作产生连接，这是一种全然的相遇。积极心理学奠基人米哈里·契克森米哈赖创造性地使用"心流"概念来定义这种忘我的工作状态。轻浮对待工作的人无法享受这种状态，他们自然也无法从中获得工作的乐趣。

91 岁高龄的褚时健依然在种橙，在他生命的最后时光，他还视察了建设中的褚橙果汁厂，他不知疲倦地燃烧着自己，也在燃烧的过程中体味着工作的甘甜。

找乐趣

说起来，褚时健人生的第一份工作并不是他自己主动选择的。他的父亲在 42 岁时撒手人寰，家里的酒坊需要有人承担烤酒工作来维持全家七口人的生计。这之前家里的积蓄又都在父亲生病时花光了，没有余钱请烤酒师傅，母亲地里、家里两头忙，烤酒工作的重担只能落在年仅 15 岁的褚时健肩上。

烤酒对年少的褚时健来说是项苦差事，既消耗精力又考验技术。当时烤酒用的原料是苞谷，蒸好后拌上酒曲，放进发酵箱里进行密封发酵，再放进瓦缸进行糖化。发酵和糖化过程是烤酒最重要的技术环节，直接决定了最后的出酒量和酒精浓度。别家的酿酒工艺都是口耳相传，严丝合缝地步步执行，烤出来的酒出酒率都差不多。褚时健却在日复一日的重复操作中琢磨出了一套提升出酒率的改良办法。他留意到两个细节，一是三伯家师傅在教他发酵工艺时叮嘱要注意关门；二是在冬天烤酒时，靠近灶火旁的发酵箱和瓦缸的发酵和糖化程度总是会更好一些，而靠近门边的发酵箱和瓦缸出酒率总比靠里的少20%—30%。褚时健琢磨着推测：影响问题的关键应该是温度，温度太低不利于发酵。于是他试着将灶台里烧剩下的、还有余温的柴火装在破铁盆里当作加热源，放在远离灶台的那些发酵箱和瓦缸旁，尽量"暖"着它们，促进酵母菌的生长①。

果不其然，几次尝试下来效果非常好。即使在冬天，别人家的3斤苞谷最多能烤出1斤酒，褚时健用2.5斤苞谷就能烤出1斤酒，出酒率提升了7%。待到第二年春暖花开，气温回升，他甚至可以用2斤苞谷烤出1斤酒。

烤出来的酒卖掉后，对家庭的贡献是明显的。褚时健回忆说："我这样一年烤上个七八回，这一年日子就过得稍微安心点了。我和弟弟妹妹的学费也有了，家里大米不够吃还可以有钱上街买点。"再把酒和别家一对比，褚时健的成就感更是噌噌地往上蹿，那些为烤酒所遭的罪好像也一下子变得无关紧要起来。褚时健充满自豪地形容自己的酒："打酒的提子放下去提起来，酒沫子一下就能盖上来。这种酒就是45度以上，人家一看就是好酒，那就好卖。冲进去一点沫子没有，那就算没烤好

---

① 周桦.匠人褚时健［J］.党政论坛（干部文摘），2015（5）：54-55.

的酒。"①

烤酒带来的成就感和乐趣又进一步推动少年褚时健投入其中，继续研究，持续改善细节。他有生以来第一次认识到：投入地去做一件事情，把它做到力所能及最好，结果通常不会太差，自己也会从中获得快乐。

此后多年，无论领导糖厂还是烟厂，又或是晚年种橙，褚时健一直没有丢失这份"先投入而后获得快乐"的能力。他干一事爱一事，偏偏每件事都能干得很不错。有些在旁人看来无关紧要的小事，他也乐在其中，非要研究总结出一些道道来，生命力之蓬勃由此可见一斑。

比如，1958 年，褚时健在劳作之余，寻思着去附近的河里拿鱼，并且还真摸索出了一套最佳拿鱼方案。从做事中寻找乐趣，越是跌入谷底越要给自己找点事做——这好像已经成了褚时健提醒自己振作的自愈良方。

他后来解释说："拿鱼给我带来了乐趣。如果我连自己的乐趣都没有办法去寻找，生活就真的过不下去了。虽然拿鱼看起来是件玩乐的事，但实际上它不简单。它就像打猎一样，你需要了解猎物的环境，还要了解猎物的习性，甚至有时候还要用点心理战术。特别是像我小时候的拿鱼方式，光脚进水里，要让鱼感觉不到你，让鱼不自觉就到你身边来，然后快速地把它拿住。而且拿

① 周桦.褚时健传 [M].北京：中信出版社，2016.

鱼是件比较单纯的事情，自己一个人就能把它做了，不需要和人打什么交道。这比较符合我的性格，所以很适合调节心情。"

世事不会尽如人意，作为个体很多事情根本控制不了。对褚时健来说，埋头做事不过是个体获取乐趣最单纯、最直接的渠道罢了。

热爱才是动力

褚时健与生俱来的精神是执着，他是实干家，如果说他早期带领村民开荒是为了活下去，那么后来管理烟厂，规模不断提高，这绝对是深度的热爱，希望把事情做得更好。

伟大的干法，前提就是热爱，真正的支点，也是热爱。我甚至认为，每一次褚时健在地里看果树，他都是可以和树对话的，而且这种对话肯定超越了语言，甚至是一种互相理解。

2001 年，74 岁的褚时健因身体原因获准保外就医，结束了长达 4 年多的牢狱生涯。4 年多时间，说长不长，但在褚时健埋头整理监狱里的图书时，铁窗外的世界已在奔腾中变了模样。

那 4 年，国有企业改制及产权的重组和清晰化成为中国公司的变革基调。1997 年亚洲金融风暴后，中国商业界播下了新旧交替的种子，曾经如日中天的家电行业开始释放出不安的气息，一批互联网企业也在萌芽后遭

遇泡沫破裂的危机。一切都在曲折中缓慢演进，每天都
有新事发生，人们似乎逐渐忘掉了那个争议颇多的一代
"烟王"褚时健。

回到玉溪家中的褚时健对外界的喧嚣兴趣不大。活
到这把年岁，他体验过人生的跌宕起伏，已经愈发能安
守本心、看淡外境。传记作者周桦描述他当时的状态说：
"他倒是很享受这种被大家忘记的时光。满脑子想的都是
橙子怎么种。"

种橙子是闲不住的褚时健在坐牢期间就记挂着的事
情。20 世纪 80 年代，华宁县成立了云南第一家柑橘科
学研究所，当时褚时健曾介绍弟弟褚时佐去引进一些果
苗进行柑橘种植。此后，褚时佐一直在新平做着种植、
养殖相关的工作。褚时健入狱后，褚时佐曾去监狱看望
过他，顺道还带了一些从华宁引进的冰糖橙。褚时健品
尝后立刻觉得这橙子很清甜，有一种独特的果香，当时
就来了兴趣。他建议弟弟大量种植这种橙子。之后弟弟
几次探监，褚时健都抓着他聊橙子的事，在狱中休息时
他也一直在心里盘算着果树种植的株距、行距及土地的
投入产出比。

褚时健对种植行业的热爱填满了他铁窗生涯中的无
聊时光。待到出狱后，他在故交任新民的建议下，从市
中心的玉溪烟厂迁出，搬到了 5 千米开外的大营街村，
开始正式筹备种冰糖橙的事。褚时健选择位于新平境内

的哀牢山山区作为种植基地，那里日照充分，昼夜温差大，又有丰沛干净的山泉水源。

项目刚启动的那段时间，褚时健带着老伴每天穿梭于山间地头，他不需要亲自种植，但必须看着别人干活。种植基地距离褚时健大营街的家有200多千米路，每日奔波并不轻松。最苦的那段日子，山上没有住宿的地方，褚时健便索性在果园搭起了简陋的棚子。

哀牢山中岁月长，这一埋头就是6年[①]。

人们常对繁华热闹的所在争先恐后，对偏远地区则避之唯恐不及。不过对那些愿做事、想做事的人来说，在哪里都是做事，身处大众视线之外未必不是好事。更重要的是，褚时健好像对略显封闭的小地方有一种天然的迷恋。从新平戛洒糖厂到玉溪卷烟厂，他长年待的都是些僻静的"小地方"。他曾说："无论是曼蚌还是戛洒，生活条件都不好。但我很喜欢这两个地方。"这些地方远离政治经济中心，通常不为人关注。宽松的环境容许褚时健充分沉静下来，大力施展他的经营拳脚，全身心投入地去做事。

褚时健耐心花费时间，慢慢驯化着漫山遍野的冰糖橙。他从水源问题入手，相继攻克了种植过程中的灌溉、

[①] 编者注：2007年前褚橙处于幼果期，褚时健持续进行了6年的种植调整，到2007—2008年产量与口感才趋于稳定。

土地、果苗、肥料结构、种植密度等一系列问题。种植业有很强的周期性，橙子也有自己的生长周期，每一年的改进并不能看到立竿见影的效果，褚时健却一直乐在其中。他带着技术人员，从肥料配比、浇水频次、开花时间控制，每个细节都一一通过实验进行控制，坚持优化，直到近 10 年后才结出了如今大家吃到的果子。

曾经的农业生产是靠天吃饭，褚时健用工业化制度经营，把对自然气候 70% 的依赖度降到了 30%。到 2012 年，褚橙基地 2400 亩的果园里，已经拥有 24 万株冰糖橙，每年产量高达五六万吨。通过线下渠道和线上电商，褚橙的名气响彻南北，人们在惊叹之余将褚时健称为"橙王"。

从曾经的"烟王"变为今天的"橙王"，外界再一次加冕于褚时健，可于他而言，成绩不过是附属品。热闹或寂寞都没关系，最根本的东西没有变，做事的乐趣还是在事情本身。

不停去琢磨

干好一件事情不容易，因为有各种各样的问题。褚时健说自己的干法很简单，就是一直在思考如何解决问题，一直在琢磨。

有次在他家里，他向我们回忆他刚刚到烟厂的时候，一直在琢磨问题出在什么地方，甚至走在路上也没有停止思考，走着走着就直接撞到了电线杆子上。

这种喜欢思考的精神和褚时健年少时的经历有关。

褚时健在昆明读高中的时候，正值昆明人文鼎盛时期。当时昆明的西南联合大学会聚了众多中国自然科学与社会科学领域的顶级大家，包括潘光旦、闻一多等。西南联合大学坚持开放办学，像褚时健这样的高中生也可以进去旁听，有时候教室里听讲的学生太多，连站都站不下，褚时健就端着小凳子，趴在窗户上听老师们讲课。他还常跟着堂兄在西南联合大学食堂吃饭，听大学生们热议时闻要事，思想受到前所未有的震动。

昆明求学的经历激发起褚时健潜在的求知欲，此后多年，他一直在干中学，在学中悟，不断探索着未知的世界。从心理学上讲，人通常是恐惧未知事物的，因此每种新事物从诞生到被广泛接受都有一个比较长的过程。不过总有一些人热衷于探索新事物，试图挖掘掩藏在未知系统中的有序规律。褚时健就属于这类人，每当他遇到搞不懂的新东西，他的热情就会被点燃，然后沉浸其中不断研究。

比如，被下放到农场改造时，褚时健其实并不具备开荒种地、养猪捕鱼的知识。但他有自己的办法——向别人请教，看他们做，然后自己再依样画葫芦学着去做。这样反复做很多次以后，他就能掌握住技能的要诀。

1966 年，褚时健刚到戛洒糖厂时也是一头雾水，不知该从哪里入手改善状况。后来他不断观察琢磨，终于从糖厂的燃料消耗报表中得到启发，找到了能够优化成本结构的办法。他亲自改造炉灶使煤炭燃烧更充分，并提议加水重复压榨原料，最终大幅降低了糖厂成本。最初糖厂的燃料消耗比为 1∶5.4，改造后，该数值下降到 1∶1.8，即只需要 1.8 吨煤炭就能榨出一吨糖来。降低成本之后的戛洒糖厂在当年就实现了盈利 8 万元。

初到烟厂的时候，褚时健对烟草知识也知之甚少。但他还是凭借着一股执着的学习劲儿硬把自己学成了一个烟草专家。他的办法就是向一线的工人学、向地里的农民学、向外国的行业专家学、向一切可以学习的人学。

褚时健在烟厂当厂长时经常活跃在生产一线，只要一有时间就会下到车间去看，一道一道工序地去了解。他会详细了解制丝线上的烟丝怎么切，怎么真空回潮；紧接着还会去制烟线，和车间里的人确认制丝线输送过来的烟水分含量如何。褚时健解释说："我不是去教人家，而是去当学生，去学习东西……如果水分重了，卷制烟就可能会松动；水分少了，卷制烟就太鼓了[①]。"正因为他如此好学，别人都糊弄不了他。正常的生产会议都是由副厂长召开的，可褚时健坚持参加生产会议，他认为只有参加生产会议才能发现生产上的问题，进而知道如何改进和解决。

待到渐渐熟悉了全厂各道工序后，褚时健还不满足。他每天上下班也不坐车，下班后就从办公室走到生活区，中间经过仓库、生产车间、制丝车间，他就一一检查过去，去看有没有什么新状况发生。等到下班回到家里，无论多晚他也要打开电视，看看国际形势和国内情况，关注国家发展改革动向和大政方针。

说他是一部被热情驱动着的学习机器一点儿也不为过。褚时健孜孜不倦地学习是因为他知道世界在日新月异地向前，而他害怕落后于时代，用他自己的话说："一

---

① 时代纪录.褚时健说：生活总会给我们留下希望［M］.北京：新世界出版社，2016.

个人不学习是不行的，改天也许连我自己的饭碗都会没了，会有别人把我这个位置给占了。我不懂就得下台，让懂的人来。"

70 多岁开始种橙，是褚时健的又一次自我挑战，他从未种过橙。橙苗是从湖南引进的，但是需要对树苗进行改良和嫁接，以适应云南当地的气候。每株果树之间的间距多少、行距多少、果子为什么掉得厉害、病虫害怎么治、肥料如何搭配最科学、如何灌溉最好、一棵果树结多少果才能保证产量最大化质量最优……所有这些问题，他通过长达 10 年的摸索给出了自己的答案。这次，褚时健又摇身一变，成了一个种橙专家。能做到这一点，背后的秘诀也不过是"学习"而已。为了学种橙，他几乎买光了书店每一本新出版的相关书籍，买回去后就照着书本上的知识加以实践运用。每当夜深人静，山野只剩下狂风的怒号，褚时健住的窝棚里还亮着灯，那是他在深夜学习的灯光。书看得多了，久而久之，他还能发现书中的某些错误。褚时健说："我不是学农业专业的，这些知识是靠学别人、学书本、自己总结经验得来的。"

学习，始终伴随着他的人生。在他看来，作为一个企业家，不能不关心国家大事，不能忘了持续学习。

有一种说法：很多人 25 岁就死了，七八十岁才埋掉。这句话的意思是，很多人 25 岁大学毕业参加工作后，就丧失了学习的热情，也丧失了奋斗和拼搏的勇气，一直原地踏步，不思进取，此后的人生都只是在重复昨天的事情。这样的人生注定一片苍白。而褚时健所选择的人生是不断自我挑战的一生，这样的人生注定荆棘密布，却能在更广阔的天地中燃烧自己。

没什么是不可能的

　　真正理解褚时健的经营管理之道，最重要的还是要从理解褚时健的内心开始。如何理解一个人的内心呢？要回到他做的事情上来。

　　自我设限是很常见的一种心理暗示，它常常出没于我们的工作之中。如果某项任务我们从未做过，或者尝试多次总是失败，我们就容易默认自己无法胜任这项工作。这时就好像有一个声音在说："不可能，你绝对做不到。"可事实果真如此吗？

　　有这样一个故事：如果把跳蚤放在桌上，一拍桌子，跳蚤迅即跳起，跳起高度是其身高的100倍以上，堪称世界上跳得最高的动物！然而，如果在跳蚤头上罩一个玻璃罩再让它跳，连续多次碰壁后，跳蚤就会改变起跳高度以适应环境，每次跳跃总保持在罩顶以下高度。如果将玻璃罩高度调低，低到接近桌面时，跳蚤就会无法再起跳。最后，即使把玻璃罩打开再拍桌子，跳蚤也仍然不会跳，它变成了"爬蚤"。①

只要做事就会遇到困难，无形的困难如同一个巨大的玻璃罩，我们又何尝不是罩中的跳蚤？只有那些屡败屡战的人能挣脱这种无形的束缚，在别人"不可能"的眼光中跳出不可思议的舞蹈。

回顾褚时健的一生，我们发现，在他的人生字典里好像从来没有"不可能"三个字。不管是最开始经营戛洒糖厂，还是后来接手玉溪卷烟厂，再或是晚年种植褚橙，褚时健的每一次跨越都怀抱着一股"没有什么是不可能"的气魄。

褚时健刚接手玉溪卷烟厂时就面临一个巨大的难题，如何解决能源消耗的比例问题，褚时健知道一个厂的生产力是直接由能源消耗的比例决定的。当时玉溪卷烟厂的能源设备主要是烧蒸汽锅炉，这种锅炉的问题在于，它效率很低，烧了之后要退火，温度降下来需要较长的时间。

褚时健当下便提出了一个改革试行的办法，但在实验阶段实验人员始终找不到问题的核心点，这让褚时健非常着急。于是他决定亲自去实验，他先是将手放在了锅炉外感受温度，发现锅炉外的温度已经降下来了，便打开锅炉门钻了进去。这一钻才知道，锅炉内的温度远

---

① 李津.潜能［M］.北京：金城出版社，2005.

远高于外面，一钻进去头发都被烤卷了，吓得他立马钻了出来。

经过这一事件，褚时健充分意识到设备的重要性。于是他在玉溪卷烟厂做的第一个改革就是引进国外先进设备。当时国内的卷烟机质检水平很低，跑条、开口的情况经常发生，再者国内的机器技术含量也不高，切的烟丝有时还有烟杆在里面，消费者一抽烟就直接"炸头"了。国外的设备就不存在这些问题，它们的质检水平远远高于国内机器，而且引进之后，产品质量自然就提上去了，生产量也会随着提升，这样再拿到市场上去销售，烟民们就会感觉到不同了。①

引进进口设备的想法在当时引发了不少人的质疑，进口一台设备需要大量的钱，大家质疑花那么多钱在设备上是否有用；另外，先进的机器设备需要技术人员去适应它，为了适应新设备还要专门培训技术人员，这无疑增加了企业的成本投入。

为了说服厂里的人，褚时健经常在会上说，只要有了新设备，我们的烟就有销路了，要不了一年半载我们就能把设备的钱赚回来。但钱不是空口一说就能来的，经厂里领导班子反复讨论考量后，终于形成统一意见，

---

① 时代纪录.褚时健说：生活总会给我们留下希望［M］.北京：新世界出版社，2016.

支持褚时健去找政府贷款。

褚时健说，当时他也承受了很大的压力。一是厂里的领导班子意见不统一，二是厂里员工对这个东西没有概念和认识。大家好像都对进口设备有一种抵触的情绪：现在的机器不是还能正常生产吗？为什么要进新的设备？而且进了新的设备就一定能提高产量吗？这么贵的设备得多久才能赚回本钱啊？

人都有思维惯性，要想短时间内改变很难。褚时健当时为了让厂里的人接受这个思想，积极地在厂里召开各种会议，将自己每天了解到的新知识在会议上分析分享，旨在给大家传递最新的消息。先是统一厂里领导的思想，再是中层干部，然后再由工会出面，一层层地往下做工作。由工会收集意见，褚时健再将这些意见拿到党委会常务会上去讨论。

当时进口的是英国设备，但英国方面说还需要另外支付安装调试的费用，这一下子将褚时健的斗志点燃了。"没有外国人，我一样能行！"

褚时健组织了一个以总工程师为首的装配小组，等设备一到厂里，褚时健便带着这一批人组装设备。这个消息一出来，大家都觉得褚时健是个有魄力的人，能搞得成。"这个先进的设备，我们要装出自己的水平，要让那些外国人知道，我们能行。"

不得不说，在没有图纸的前提下，自己安装外国设备难度是极高的。每个零件都有自己的摆放顺序，一个出错，后面的都接不上。装配小组整整搞了几天几夜，连觉都顾不上睡。好在拼命工作带来了意料不到的惊喜，奋战几天以后，调试好的进口设备终于在生产线上运作起来。

后来英国公司负责安装的人终于来了。看到设备已经组装好了，他们大发雷霆，认为这样乱搞是不尊重他们的表现。褚时健什么也没有说，直接将这些人带到了专门生产高级烟的车间。那些英国人一进到车间就发现他们的设备正在运转生产中。在场的英国人都惊呆了，急忙询问翻译，哪里请来的安装工人。翻译自豪地说，这是他们玉溪卷烟厂自己的技术工人组装的，没有借外国人一分力。

几个英国人一听，连忙竖起大拇指说："不得了，真不得了，你们这个厂长真厉害，都能将国外的进口设备组装起来，真是不得了。"进口设备一投入生产，质检人员便发现了差异，进口设备生产出来的烟支比较光滑且接头处十分严密。工人们都说，果然贵是有道理的。

在褚时健的带领下，玉溪卷烟厂在20世纪80年代中期正式走上了现代化的发展道路，虽说刚开始只进口了两三台先进设备，但随着工人质量意识的提高，以及设备更新带来的良性资金，进口设备的数量慢慢地就上去了。如果没有褚时健大胆的突破之举，就不会有玉溪卷烟厂后来的巨大变革。突破必然伴随着痛苦，但绝境求生，逆风翻盘。如果能将前行路上所有的阻碍都化成自己的助推器，认真、努力地做好工作，人生路上便没有不可能。

第三章

迎难而上

没有那些跌倒，没有那些打击，就没有今天的褚时健。

——褚时健

褚时健无疑是具有韧性的人生强者，因为有韧性，他才能不畏强权，不顾派系斗争，大刀阔斧地改革玉溪卷烟厂；因为有韧性，他才能不顾 70 多岁的高龄，出狱后专心做好种橙子这一件事，上演一幕触底反弹的奇迹；因为有韧性，他才能在人生的大起大落后，依旧笑看人生，不以物喜，不以己悲。他曾说过："曾经有人评价我是这个国家最有争议的人之一，我的人生的确也起起落落。不过，活到今天，我觉得一切都是经历，都是财富。没有那些得到，没有那些打击，就没有今天的褚时健。"

每个人的一生都会遭遇不同形式的困难和挫折，此时弱者与强者的态度截然不同：前者在困难之中怨天尤人，说多做少，终究碌碌无为；而后者恰恰相反，说少做多，以强大的韧性接受挫折的洗礼，将其变为前进的垫脚石，再度崛起，重塑人生，直至成功。

在心理学中，韧性指的是在外界压力下，一种个体复原与成长的可开发能力，它能够使人从逆境、冲突和失败中快速回弹或恢复，从而有效地应对和适应困境，达到个体的目标。这不仅意味着个体在面临威胁性的压力下能够顽强持久、坚忍不拔，更凸显出个体在逆境、挫折后的成长和新生。

一个具有韧性的人就像一只打不死的"小强"。众所周知，为了生存，蟑螂进化出超强的环境适应能力、抗病能力、繁殖能力，已在地球生存4亿年之久。它本是人人喊打的害虫，但因其顽强的生命力、非凡的韧性，给现实中屡屡受挫的人树立了一个"榜样"。

苦难是财富

距离 90 岁生日还有 6 天，褚时健终于退休了。

2018 年 1 月 17 日，云南褚氏果业股份有限公司宣布成立，褚时健独子褚一斌接班任总经理，这意味着，商海沉浮大半辈子的褚时健，终于卸下了最后的担子。

很少有人不佩服褚时健，他的人生历经大起大落，少年抗战，青年从政，中年从商，却又于巅峰之际锒铛入狱。辉煌时他是炙手可热的政治和企业明星，低落时他是牢狱内无人问津的普通改过者。75 岁那年，保外就医的褚时健与老伴儿不甘清闲，包下哀牢山 2400 亩土地，远离繁华，扎根深山，种起了冰糖橙。不到 10 年，褚橙从云南走红全国，褚时健以"橙王"名号再次回归众人视野。万科集团创始人王石多次表示佩服褚时健，他说："衡量一个人成功的标志，不是看他登到顶峰的高度，而是看他跌到低谷的反弹力。"褚时健用自己的人生上演了触底反弹的传奇。[①]在这位老人身上，时间无情地划下道道烙印，但那正是他与苦难战斗留下的人生财富。

生与死，苦难与苍老，贯穿生命的始终。比起一帆风顺，人生的苦难更能让人学习到宝贵的东西。在某种意义上，苦难就是一种人生财富。"经历过的东西，对你都是有用的。你感觉那时候条件很苦，可谁又能知道此后会不会更苦。"褚时健在回忆自己的青春岁月时说了这样的话，这位年逾九旬的老人从少年时代经历的苦难就远比平常人多。

1942 年，褚时健的父亲因意外被流弹炸伤，一年后怅然离世，那时褚时健刚刚 15 岁，至亲的离世如晴天霹雳，让他第一次对死亡有了认识，母亲整日以泪洗面，弟妹嗷嗷待哺，原本还算幸福美满的家庭因为父亲的离世，连生计都成了困难。那一瞬间，他似乎长大了。有时不是自己能够决定做什么事，而是形势逼人，你必须这样做。作为家中的老大，他辍学进入酒厂，用少年略显单薄的肩膀替父亲扛起家中的重担。15 岁的他和大人一样，每天劳作 18 个小时，700 多斤粮，1000 多斤燃料，全靠他一力承担。放粮、蒸煮、搅拌、发酵、捞渣、出酒，他常忙到不知日暮月升。晚年的褚时健讲起来，还非常自豪："别人家三斤苞谷烤一斤酒，我两斤半就可

---

① 王石. 从褚时健看中国企业家精神 [J]. 市场观察，2015（12）：4–15.

以，还比他们的质量好。"①

对褚时健而言，少年时代的苦难，反而促使他养成了不服输、负责任的信念，这些品质都在他未来的创业过程中发挥了巨大的作用，他从苦难中重获了新生。他常说："人在任何时候精神都不能垮，在任何情况下，都应该有所作为，这是对自己负责任。人不光要承受苦难，还要有战胜苦难的能力。"

战胜苦难并不是一件能轻易实现的事，因为人总有好逸恶劳、追求安乐的本能，想要战胜本能，就需要强大的内心作为支撑。越是敢于抗击挫折的人，越有机会触底反弹，因为他们的内心早在一次次的磨砺中愈发坚韧强大。少年丧父是上天给褚时健的第一次磨难，但彼时15岁的他就以坚韧的内心承受生活的困难。其承受苦难的内心力量，决定着他的人生格局卓尔不凡。

"心胜则兴，心败则衰。"褚时健真正的力量，源自内心。1958年，褚时健被下放到条件艰苦的农场进行改造，彼时的他无奈且痛苦。这样的事情在今天看来，似乎很不幸，但褚时健凭借着强大的内心，一个人和孤独、郁闷、苦恼心态作斗争，迅速走出颓态，他开始利用农场的生产优势，全面接触、认真学习更多的农场生产事宜。或许这正是幸事也未可知，因为随后，褚时健被调

---

① 张奕，江南.哀牢山上的传奇［J］.国企，2014（8）：106-109.

入戛洒糖厂，在改造期间和农民学到的农业生产经验正好发挥用处，一段迫不得已的人生经历使他在不知不觉中获得了下一段人生起航的宝贵财富。褚时健的内心力量果然强大，在苦难面前凭借一颗坚韧的心，打造出另一番人生姿态。①

褚时健在苦难和挫折的考验中，凭借强大的内心，孕育出成功的种子。少年抗战，青年从政，中年从商，于巅峰之际入狱，而晚年的褚时健依旧淡然看待人生，因为他的内心早在一次次的人生苦难面前变得无比坚韧强大，无所畏惧。

苦难正是人生的财富，我们也应该有这样的认识。

---

① 葛帮宁.寻找褚时健 [J].经营者，2005（2）：279-282.

没有过不去的坎

"我人生的最低谷是被划为'右派'，但在最艰难的日子里，我并没有因为被划成'右派'而消沉。全国有几十万个'右派'，很多人都消沉了。如果成天怨天尤人，怪天怪地最后怪自己，那你就倒下了，倒下了就是对自己不负责任，对家人不负责任，对社会也不负责任。"

1958 年，褚时健被下放到元江红光农场进行改造。农场的条件十分艰苦，初到农场，褚时健就因气候原因，高烧不止，就算这样，他依旧需要进行大量劳作。而物质条件的限制远抵不上精神层面的伤害，当时有很多人对他们这批"右派分子"嗤之以鼻。现实已然如此，他能做的只有调整心态、坦然面对，用积极态度来面对现实。于是，他开始积极参加农场劳作，主动帮忙农场同志。后来妻子儿女也被调到农场，农场的生活开始多了些乐趣。

人生在世，不如意十之八九，仕途基本止步，还被迫忍受亲人分离，到艰苦农场改造，很多人自此消沉。而褚时健不一样，在他的人生字典里可没有"消沉"二字，虽然一时苦闷，但他的心中一直有股韧劲，那是一种由内而外透出的韧性，即使再艰难的日子，他总能追寻渗透的那缕阳光，由黑暗奔向光明。面对这段低谷期，他挺起胸膛，活出了自己的精彩。因为他知道只要内心足够强大，人生就没有过不去的坎。

褚时健有一种在困境中求生存的特殊能力，他的生存意识历来很强，在农场"改造"期间，褚时健就经历过一次死里逃生。人在危急时刻，总是能爆发出惊人的力量。

一次暴雨过后，元江上游冲下来许多木头，基本都是十多米长、碗口粗的大木头，褚时健和两名同志接到任务，为农场积累燃料，他们需要从湍急的江水里打捞木头。由于另外两人都不会游泳，褚时健便一个人下水把木头拴住，他们负责操控另一端拴在树上的绳子，合力将木头拉上岸。

暴雨过后的江水湍急浑浊，他们已经进行了整整一天的打捞工作。傍晚，江水越来越急，褚时健越来越乏力，一个暗涌打来，眼看着他就要被水流淹没，"在这种危急关头，我就想，我女儿还小，要是我死了，女儿和老伴怎么办？自己死了不要紧，但是不能让女儿和老伴也受到牵连，她们以后怎么过日子"？在强大的亲情召唤下，褚时健拼死一搏，使出浑身力气，一把抓住江水中凸出来的石崖，侥幸活了下来。

这与兵法上的"背水一战"何其相似，人在绝境之下走投无路，强大的求生欲反而使之爆发出惊人的勇气和斗志，置之死地而后生，这种潜能的激发，是人对于外界刺激的应激反应。所以，从某种意义上说，人一无所有的时候也是一种财富，因为它可能激发出连你自己都不敢相信的潜能，峰回路转，柳暗花明。

褚时健总是打破常人的认知，无论形势多么恶劣，他绝不会轻易消沉。1999年，褚时健因经济违法而被判处无期徒刑，判决之后，褚时健没有进行任何上诉，面容平静，坦然接受。很多人以此认为褚时健"烟草大王"的辉煌已过去，他大概自此消沉了。几年后褚时健因身体原因，保外就医，很多人认为他应该颐养天年了，而褚时健，这个农民的儿子在哀牢山专心种起了橙子。几十年来，命运兜兜转转，一切好像又回到了原点。这位历经伤痛的老人，在哀牢山展开了一次生命的重塑。① 不到10年，褚橙一举从云南走红中国，众人皆为酸甜适中、大小一致的褚橙而惊叹，褚时健历经辉煌与低谷的人生故事更加广为人知，他把人生活成了一个绝佳的触

---

① 顾军. 从烟王到橙王：八旬老人褚时健再创财富人生奇迹［J］. 决策探索，2012（9）：83-85.

底反弹传奇。

人生并不总是在顺境，反而可能逆境更多，对于能够傲视风雨的强者来说，逆境不是坏事，相反，它是磨炼，是考验。身处逆境，绝不消沉，鼓起勇气，冷静处理，你就会发现逆境如同一只纸老虎。人生没有过不去的坎，当我们像褚时健一样，历经人生风雨，积累了一定的年纪和阅历后，回首遭遇的坎坷，其实也没什么大不了的。

心理学家的研究报告说，在悲苦辛酸的环境下，依然能够心态乐观，心境平和，心胸豁达，而绝不消沉，绝不厌世，绝不堕落者，是最富有创造力的人。曾经的"烟草大王"，如今的"橙王"褚时健无疑是这样的人生智者。

从人开始

褚时健看问题，既看问题本身，他尤其注重人的因素，在他看来，管理最重要的就是管人。

生活在一个纷杂时代，我们内心总是有很多畏惧。畏惧是人的本性。而 1979 年，时年 51 岁的褚时健担任玉溪卷烟厂厂长时却以强大的内心、独到的眼光，无所畏惧地扫除一切改革路上的绊脚石。

1979 年，改革开放的春风虽已吹起，但还没有吹到这个云南玉溪的小烟厂里。此时的玉溪卷烟厂和全国大部分的国企一样，全厂上下吃大锅饭，企业吃国家的，员工吃企业的，政企不分，不讲效率。

当时，外部环境充满着制约，而烟厂内部也是派系斗争混乱，员工人心涣散，老国企的干部一般都是内部选拔，人人拉帮结派，对外来调任的干部十分排挤。褚时健这个新厂长的到来显然不受欢迎，当时烟厂把上任厂长的宿舍空出来，却没有安排给褚时健。他们一家人挤在 20 平方米宿舍的高低床上，整晚都没睡好，这是

"内部人"给褚时健的下马威。

褚时健上任后开展了摸底调查。他发现烟厂工人很多，但总有一些工人经常故意旷工，原来这些都是副厂长一派的，有了后台撑腰当然无所顾忌，根本不把他这个新厂长放在眼里。

新官上任三把火，为了救活烟厂，褚时健不怕得罪人，他决定第一把火就烧在人事方面。同时褚时健深谙权力制衡的道理，他认识到在处理复杂的人事关系上，权力是一个重大因素。于是在改革之前，他先取得上级领导的支持，当时他对上级说："我是一个外派的领导，您也知道玉溪卷烟厂的情况，人事关系比较复杂，派系斗争依然存在。我夹在中间必然很难开展工作，您只要给我一年的时间，我就能够改变这种情况。希望您答应我，一年内凡是到地委告状、请愿、上访等闹事的人，一律驳回，由我来处理。"上级表示完全支持他的工作，褚时健才大刀阔斧进行改革。

他首先点名批评故意旷工的工人，并扣除他们当月的工资。在几人找来副厂长撑腰时，褚时健表示，只要是不在工厂安心工作的，他一律从重处罚，叫来副厂长也没用。在人事管理上，褚时健不怕得罪人，因为他的人事改革都是为了烟厂更好，那些不认真做事的人留在烟厂只能拖后腿。在人事改革上，他没有足够权力处理的，就请更上一级的领导来处理，比如云南地委就调走了"吃闲饭"的工厂党委书记。没有了"蛀虫"的存在，很快，褚时健对厂领导班子进行了全面调整，新的领导班子都在切切实实做事，带领员工进行更高效率的生产。

而后，褚时健发明了一种新的收入分配制度，从按劳分配的原则出发，结合竞争与激励机制，将工人的工资、奖金与产量挂钩，做得多、干得好，工资自然就高，反之工资就低。在这种生产成果与收入挂钩的情况之下，广大员工的生产积极性空前高涨，自发向新标准靠拢，褚时健一举化矛盾为利益。

同时，褚时健在响应国家改革的号召之下，还致力于切实改善员工的生活条件，因为工资改革不能一蹴而就，而物质条件的改善更为快速、实在。

当时员工的宿舍都是用土坯盖的平房。28平方米的房间被分为两部分，中间隔着一条帘，往往是三代人同住。褚时健看到这样的住宿条件，当即拍板决定给员工盖新房子。除了住房问题，褚时健还向猪肉商每天购买一批生猪，改善员工的伙食。此外，褚时健还用香烟抵换了很多折扣价的电器，员工只用很低的价钱就能买到这些电器。很快，玉溪卷烟厂成了当地生活条件最好的烟厂。

这些举措无疑得罪了其他烟厂，因为眼红，有人向纪委举报，褚时健也因此受到纪委的调查。"虽然为职工们做了一些实实在在的事情，但后来还是被人举报过，纪委的同志曾经几次到厂里来检查。有一次是为给职工加薪的问题，有人举报我说给职工的工资涨得过多；有一次是来检查职工的住房面积是否超标的问题。"当时，玉溪卷烟厂里有个开车的张师傅，一家两代人挤在一起，本打算盖一套120平方米的房子，但因为纪委的人过来检查，拿皮尺一量，他们最后只盖了84平方米。但盖房子也成为玉溪卷烟厂多年的一个传统，即便是几次接受纪委的检查，褚时健依旧致力于为职工做实事。

现在看来，玉溪卷烟厂的成功不无道理，因为褚时健早早就以大无畏的精神抓住了民心。即使得罪人，他依旧会剔除不干实事的人，切实为员工谋利益。畏惧存在于每个人的内心深处，但褚时健表现出了果敢自信，一路披荆斩棘，勇敢前行。

有风险，也有机会

褚时健说过，要干事，就不能怕风险。他的原话是："要干成事业不担点儿风险怎么行？小心地走路还会绊着个把石头。"

褚时健刚到玉溪卷烟厂，面对的是一个一穷二白的烂摊子。除了处理复杂的人际关系和拔除派系斗争，褚时健更对玉溪厂陈旧的机械设备忧心忡忡。事实上，那时候，百废待兴，很多工厂的机器设备都已老化，或常年失修，已经处于"半罢工"阶段。

玉溪卷烟厂也不例外。上任时，褚时健发现烟草生产车间的情况非常糟糕，工人在车间里走一圈，肩头便落满灰尘，更别提在里面长时间地工作了。机械设备更是十分老旧，当时玉溪卷烟厂不得不增加大量人工来弥补机械化的不足。以劳动密集的工序制丝为例，烟厂工人需要一把一把地解包，再把烟叶一把一把取出，有时候甚至需要人工把烟叶的烟茎去除干净。之后被去掉根部的烟叶也需要工人利用一个大木桶进行加工，最后才能把烟叶铺好放入机器切出烟丝。如果要生产一二十万箱卷烟，甚至需要几百名工人每日不停工作，效率极其低下。

褚时健明白，这种生产效率低下的情况必须改变。因为当时玉溪卷烟厂已经摇摇欲坠，如果不进行大刀阔斧的改革，在接下来的市场化竞争中，必将面临灭顶之灾。而改革的开始，便应该从技术设备的革新入手。

必须买进口的先进制烟设备，来替换原来老旧的机械。但是褚时健的这一提法立即遭到了身边人的反对，最大的问题是资金不足。当时，无论是企业还是家庭都一穷二白，根本没有那么多资金进行扩大生产的投资。而且多年来工人吃大锅饭的意识已经深入心中，很少有适应竞争的市场思维。

没有资金就意味着需要大量贷款，但是背上债务之后，能不能获得投资回报还是一个未知数。卷烟厂得勒紧腰带过日子，员工的工资和福利还能不能保障？在当时很多人看来，这一笔天文数字的投资，无疑是把未来押注在虚无缥缈的海市蜃楼之上。与其寄希望于几年后未知的回报上，不如当下得过且过更有保障。另外，不少员工还反映，国产机器用了这么多年不是照样能够生产，为什么非得要换进口机器？

其实这还牵涉另外一个重要问题，那就是机器的革新，必然会使工人的操作技术和制烟技术进行革新。这就意味着在机器进口之后还得进行大量的技术再教育工作，这也是一笔不小的支出。

人们往往沉溺于自己熟悉的环境中以获取安全感。变化就意味着风险，在那个几年如一日的时代，改变不是一件容易的事，很多人都不敢冒那个险，甚至在玉溪卷烟厂的管理层内部，是否购买进口机器设备也迟迟没有达成统一意见。

褚时健心中的想法十分坚定：买，一定得买！这是玉溪卷烟厂改变积贫积弱现状、扩大产能的重要基础。为了争取大家的支持，褚时健召开各种会议，不停地向同事灌输机器设备的重要作用。"只要有了新设备，我们的香烟就不愁销路了。""新设备来了，我们一年半就可以把本钱赚回来了。""以后赚的钱都是我们厂里自己的。"

在褚时健的力推之下，厂内终于决定购买先进设备。1982年，褚时健贷款采购了两台英国的MK9-5卷烟机。1984年，褚时健一举拿下云南外汇贷款指标2300万美元，再一次用于扩大引进设备，震惊众人。当时的2300万美元无异于一笔天文数字，要是还不上贷款，那可是要受牢狱之灾的。然而褚时健不怕，因为他深知，变革与风险相伴相生，要革新就不能怕担风险。

原来使用国产卷烟机，技术含量较低，生产的卷烟经常出现质量问题，但是改善机械设备之后，玉溪卷烟厂卷烟的质量和产量一下子上去了，极大地打开了省内外市场，玉溪卷烟厂的卷烟开始走俏。

从一穷二白、岌岌可危，到引进设备提升香烟质量，褚时健将困难当作一块跳板，压力之下，纵身一跃跳得更高，他图新变革，无惧一切困难与风险，让玉溪卷烟厂起死回生的同时，铺就了一条玉溪卷烟厂从一间小厂走向现代化大型烟草企业的道路。

反弹力

成功者的一生是由挫折铺就的，褚时健便是如此。

从"一代烟王"到阶下之囚，其曲折的经历和不屈不挠的企业家精神令人感慨。

1995 年 2 月，一封来自河南三门峡的检举信，让褚时健跌落神坛。在举报信中，举报人直指褚时健利用公权力贪污。随后的一年成了褚时健人生中最艰难的时刻。不仅是褚时健自己，她的女儿褚映群和老伴儿马静芬也被关进了洛阳的监狱。不久后，褚映群在狱中自杀，这一消息传到褚时健的耳中，犹如晴天霹雳，令他悲痛万分。据他的律师回忆，在某一年的中秋节，褚时健一个人蜷缩在办公室内，盖着一条毯子目光呆滞地盯着电视。那个曾经叱咤商场的强人，变成了一名无依无靠的老人，场景十分凄凉。

1998 年 1 月，新华社报道，褚时健被司法指控贪污和巨额财产来源不明罪。最主要的情节是他把巨额公款直接划到自己的名下，一笔 174 万美元，另一笔 1156 万美元。①

当时这件贪污案在社会上引起了广泛的争议。不少媒体和企业界人士对他的遭遇表示同情和惋惜。玉溪卷烟厂作为亚洲最大的烟草公司，每年为国家上缴税利 60 亿元，但是其最高管理者褚时健工作 18 年来的收入和奖金也不过 80 万元人民币。在长达 4 年的调查之后，法院对褚时健做出了判决：褚时健因贪污和巨额财产来源不明被判处无期徒刑，剥夺政治权利终身。褚时健败给了自己的贪欲，受到法律的制裁无可辩解。但是经济收入上的巨大反差也凸显出那个时代制度与经济发展之间的矛盾。当时法律界对褚时健的量刑也颇费周折，主审法官称"一定要经得住历史的考验"。可见，社会对于褚时健的评价是极其复杂的。

那年褚时健 71 岁，垂暮之年两鬓斑白。从炙手可热的"烟草大王"到家破人亡，遭受牢狱之灾，其中的痛苦有几人能够理解？对世人而言，褚时健的新闻只是饭后闲聊的素材。而对他自己来说，"自己还有未来吗"这一问题时时敲打着他。

监狱里的时间似乎特别漫长，每当夜深人静之时，褚时健的脑海中便闪过无数镜头。酿酒童年，被打为

①"褚橙"是一种境界 品尝的是精神［J］. 北京农业，2014（35）：58-60.

"右派"的日子，在糖厂、烟厂工作的片段，还有和家人一起度过的快乐时光。

想得越多，那颗本就不肯屈服的心又重新燃烧起来。他在黑夜中反复质问自己："难道我的一生就要在此度过了吗？"褚时健不愿放弃对未来的希望，虽然走出监狱的机会渺茫，但是只要努力改造，仍有获得自由的一线生机。

在狱中的几年，这位年过七旬的老人，每日坚持打扫卫生，积极递交汇报材料。经过一段时间的改造，褚时健的无期徒刑被减刑至17年。这对于褚时健而言已经是一个很大进步。但是17年，能让一个男婴长成俊美少年，也同样能让一个迟暮之人归于黄土。

褚时健没有放弃，家中还有年迈的老伴儿等他照顾，不愿妥协的心从未停止跳动。但是70多岁的老人常年劳累，身体早就透支了，再加上牢狱之灾，他的身体一日不如一日。褚时健觉得自己出狱的机会越来越渺茫了，老来病重，时日无多。

2002年初的一天，褚时健再次在狱中晕倒，苏醒过来足不能迈。最后，他申请了保外就医。根据我国法律规定，被判处无期徒刑、有期徒刑或拘役的罪犯如果患有严重疾病，经有关机关批准取保在外医治。保外就医就是监外执行的一种。

2002年春节，办理完保外就医手续，褚时健获得了相对的自由，按照当时的规定，他的活动范围仅限于玉溪市。尽管范围不大，但是已经足够。他忆起自己曾在狱中吃到弟弟送来的橙子，而自己又是一个不甘清闲的人，便计划种植冰糖橙重新创业。

很多人认为褚时健已是伏枥老骥，将会在牢狱之中度过自己的一生。谁又会想到，七旬老人走出牢狱后会选择带病创业？他远离了一切公开露面的场合，开创出一个完全不同的运作模式，扎根深山，以不变应万变，稳稳地种起了橙子。十年磨一剑，2011 年，褚时健的果园利润超过 3000 万元，固定资产超过 8000 万元，2012年公司的固定资产突破亿元，这位老人以强者姿态再次回归商海。① 这一次，火起来的不只是褚橙，还有这位谷底重生的老人。人们在品尝这颗小小的橙子的同时，感受到这位已八旬老人的励志精神，曾经跌落谷底又何妨？跌得越低，反弹越大。

王石在 2003 年拜访褚时健后，曾在一篇文章中写道："若说顶峰是成功的标志，褚老已经非常成功了，若说跌落低谷是失败的标志，褚老也可以说是一败涂地，但对他来说，顶峰和谷底都不是终点。"褚时健就像水中的一个皮球，你把他按下，他一定会再浮起来，哪怕在这过程中面临诸多艰难。

---

① 汪洋.85 岁褚时健橙色新人生［J］.农产品市场周刊，2012（8）：26-27.

第二部分

找到正确的工作方法

但凡接触过褚老的人，无一不被他的人格魅力所感染。马云曾在接受采访时表示："我很敬佩褚时健，在他的身上能感受到企业家精神，他是一个了不起的人。"作为一名优秀的企业家，褚时健极富同理心，无论是糖厂还是烟厂，以及之后的褚橙，在他眼里，他和他的员工没有什么差别。作为他们的领头人，他要做好榜样，他要为他们提供保障，解决他们的后顾之忧。

他是别人眼中的"烟王""橙王"，从少年到老年，人生的每一个阶段，都能创造出属于自己的传奇。褚时健可以被贴上各种各样的标签，褚时健的经历也会受到许多人的称赞。但是，这一切的背后，都不是偶然。专注做好每一件事是他做事的态度；精益求精，追求品质是他不变的信念；抓住核心问题，并在不断尝试中解决问题是他内心的坚持；对自己所做的事情负责是他做人的底线。正因为如此，他才能成为褚时健，成为别人眼中那个永远能把不可能变成可能，甚至是优质可能的人。

但凡接触过褚老的人，无一不被他近乎完美的人格魅力感染。马云曾在接受采访时表示："我很敬佩褚时健，在他的身上能感受到企业家精神，他是一个了不起的人。"① 作为一名优秀的企业家，褚时健极富同理心，无论是糖厂还是烟厂，以及之后的褚橙，在他眼里，他和他的员工没有什么差别。作为他们的领头人，他要做好榜样，他要为他们提供保障，解决他们的后顾之忧。

如果你请褚时健谈谈这个国家，谈谈这个社会，他也许会像艾青诗里写的那样，"我对这土地爱得深沉"。在褚老待过或曾去过的地方，只要他知道了谁有困难，只要他能出一份力，他一定会义不容辞。

---

① 褚时健离世 马云：一个了不起的人 我很钦佩他 [EB/OL]. (2019-03-05) [2019-07-25]. http://www.bjnews.com.cn/finance/2019/03/05/553216. html.

第四章

精益求精

我的成功没有什么诀窍，就是想把它搞好，愿意给它搞好，不要怕困难……你要去想，去做，这样你就会发现一些问题，要动脑筋。

——褚时健

份职业、一个工作岗位，都是一个人赖以生
存和发展的基础保障。在工作中，每个人的
能力高低不同，对待工作的态度各有不同，境遇也就千
差万别。有的人能力很强，但总抱着一种得过且过的态
度，这样的人注定格局不高，徘徊在金字塔底端。有些
人虽然能力欠缺，但能持之以恒、精益求精，专注做好
每一件事，就像一只先飞的笨鸟，虽然慢，但终能一步
步到达金字塔的顶端。在实际生活中，我们也总会遇到
许多"差不多先生"，事情做得只要差不多就行了。这个
方案不够好，差不多就行了；这个概念还不完善，差不
多就行了；这个设计还存在小问题，差不多就行了……
而这样的"差不多先生"的生活和事业也往往只能差
不多。

稻盛和夫曾在《干法》中说："能做成事业的人，都
是掌握了'完美主义'，并将它贯彻始终的人，所有的行
业、所有的职位都适用于这一条规则。"完美主义者甚

少，但不是没有。完美主义者，最大的可贵之处不在于事事都做到完美，而在于事事都追求完美。追求完美，就是在做事中不断要求完美、追求极致的一种体现。

事物的本质决定于细节，美好的事物产生于注重细节的认真态度。无论是当初在卷烟厂，还是如今在褚橙基地，褚时健都追求精益求精，专注于细节。决定种橙子时，这位七旬老人坚持每天深入果园，严控果树的生长状况，细致到每一棵树浇多少水、施多少肥、剪多少枝，一切都用数字说话。用心种植的农产品仿佛会说话，褚橙一上市，就以绝妙的口感抓住了人们的味蕾。当人们讨教其成功的秘诀时，褚时健只丢下一句质朴的话："事物的规律，认真就做得好。要下功夫要认真，所有的事都这样。"

专注做好一件事

用一辈子的时间去从事某个行业，只做某件事，并且将其做到完美极致，真的会有这样的人吗？有，褚时健就是这样一个专注做一件事，把事情做到极致的人。褚时健一辈子都在与土地、农民打交道，制糖、种烟、种橙子，他一生都没有脱离与土地的关系，他扮演的角色始终和农民相关。他常说："我不是什么企业家，我是农民的儿子。"

人这一生在社会上会从事很多职业，扮演很多角色，小时候人们受的教育是要一心一意做事，但成年之后，人们所做之事通常都是杂而不精的。《道德经》云："道生一，一生二，二生三，三生万物。"这里的一、二、三并非具体的事物和数量，它们只是表示"道"生万物从少到多、从简到繁的过程，"一"能衍生万物，所以能生生不息。①细细琢磨，这其中还包含着极致之义。何谓

---

① 殷昭. 老子［M］. 长春：吉林出版集团有限责任公司，2007.

"一"？一是从一而终的认真和坚持，将所做之事做到极致，哪怕你只做这一件事，也比做很多事的人来得精细考究。这就好比一位作家一生只做好一件事，那就是写好书；一名教师一生只做好一件事，那就是教书育人。

做好一件事是褚时健的人生信条，也是他的自我价值的最大证明，而他也一直在践行这条准则。众所周知，保外就医的褚时健在年过七旬的高龄选择重新创业，种起了冰糖橙。而农产品和工业产品不同，很难有一个细致的量化标准，但褚时健认为农产品也要像工业产品一样，标准化操作，强调果实的一致性。"农产品也要有辨识度，这不单指产品包装，而是要让消费者一吃就能辨认出来。"

为了打造一款让消费者一吃就辨认出来的农产品，褚时健下了不少功夫。虽年过七旬，白天他依然顶着烈日，和作业长们一起细细查看每棵果树的生长状况。发现问题后，晚上他就一个人看书，琢磨问题直到三四点钟。人们很快发现，凭借着专注学习和认真钻研，褚时健从一个种橙门外汉摇身一变成了专家，他对种橙问题的理解，常常令专业技术人员佩服。

同时，为了使橙子达到极致的口感，褚时健每年都在调整果树结构。当时部分区域的果树数量过多、间距过密、枝条过多，按照老师傅的经验，果树越多，枝条越多，挂果也越多，果农们每年的年收入都和产量有关，所以他们不舍得砍树、剪枝。但这样的果树结构已经影响到果子的酸甜度。照得着太阳的枝条上的果子弹性好、口感好，反之，日照不充分的果子偏酸，甜味淡。褚时健认为砍了树、修了枝，果子才能长牢，品质才能更好，因此必须要砍、要剪。

于是，褚橙基地年年砍树，每年砍10%，砍了七八年后，每亩地只保留了80棵。但正如褚时健所料，树少了，枝稀了，产量却年年攀升，果子的品质也越来越好，口感越来越佳。

做就要做好，褚时健有这种坚持把一件事做到极致的决心，想不成功都难。褚时健年轻时造酒、制糖、做烟，每次只做一件事，但做一件成一件，就如其妻马静芬所说："老头子就没有干不成的事。"做什么都能成功，做什么都能成为业界标杆，他之所以成为"烟王""橙王"，最大的个人支撑点就是专注。

专注是一种思想，是做事的境界和原则，是做事的成功之道。褚时健做事的特点就是反复琢磨这件事，把其中的每一个关键环节找到，一一对应解决，然后做到极致。一般人做事做到差不多就觉得行了，但在褚时健这却不行，在他的人生字典里没有"差不多"这个说法，他做事就一定要做到最好，一次不行，就找到解决方法再来一次，这次不满意就重来一次，直到做到最好为止。

王石曾不止一次公开说，褚时健是他最崇拜的企业家，褚老身上的匠人精神就是在自己感兴趣的领域，专注把一件事做到极致。褚橙的成功，在于数十年如一日的专注。如今市面上的褚橙，是褚时健亲自尝试了无数遍而追求出的最佳口感，极致的橙子口感，极致的果树寿命，这就是褚时健要的极致。在这一点上，他和乔布斯很像，乔布斯在研发苹果的过程中，也是用尽全力去追求完美，所以有人说褚时健是农业界的乔布斯。

俗话说，活到老，学到老。而褚时健是活到老，学到老，干到老。有记者问褚时健，褚橙已经名扬天下了，为什么他不愿意休息，很多像他这个年纪的老人大多已是颐养天年、含饴弄孙的状态。褚时健却说："我闲不住，我活着就是为了做事，做好一件事。"这话听起来很轻松，但真正能做到像褚时健这般专注的人，恐怕全中国也找不出几个。

力争做到最好

稻盛和夫曾在《干法》一书中阐述过自己认真工作、精益求精而改变了命运的事迹。当时由于没有客户，为接单子，稻盛和夫专接难度高且没人愿意做的单子，而公司小、无名气，常常被客户一次次压低价格。一般的创业者此时通常会怨天尤人："不做了，不做了，这么低价格买材料都不够。"但稻盛和夫却在拿到低价合同后，想尽办法降低产品的成本，精益求精。也正是由于他长期研究低成本，在市场上占有了绝对的优势，其公司一举成为全球物美价廉的首选供应商。没有任何一种工作是轻松的，但再艰难的工作，只要全身心地投入之后，总会有改变，精益求精，其义自见。

事在人为，多数成功人士在奔袭的路上，都有过类似的经历。正是这种经历，让他们认识到了专心投入、追求完美的重要性，也是他们之所以成为成功企业家的内因。在追求工作的精益求精程度上，褚时健毫不逊色，甚至有过之而无不及。

王石曾评价褚时健是一个精算师，事实上，他确实是一个精算师，一个天生就精于计算、善于观察和敢于实验的人。他有一双能够发现旁人发现不了的眼睛，头脑灵敏，思维也比别人更广阔。在工作中，他遇到的大多是一个接一个的难题，但每一次，他都能凭着自己的认真和细心，在潜心工作的过程中，找到突破和提高的方法。这在他年少时期已有所显露，褚时健酿酒时就开始追求精益求精，做到更好。

年少时，褚时健家里生活的窘迫促使他很早就挑起酿酒养家的重担。起初，褚时健对酿酒的工艺一无所知，只好跟着师傅学。师傅告诉他，酿酒的关键在于发酵室的温度，要始终保持在37℃~40℃，这个温度区间内酿出来的酒格外香。

为了降低成本，实现投入产出比的最优化，自己上手酿酒后，褚时健就觉得发酵温度还有待改进，于是当别人因为工作繁重偷懒时，褚时健不仅不偷懒，反而在工作完成后开始他的试验，他反复试验温度对酒品的影响，最后得出一个新结论：发酵室的温度控制在37℃~38℃时，酿出来的酒最香、最多。因此，他获得了"少花粮食多出酒"的诀窍。这突破，在当时和他一同酿酒的人看来，几乎不可能。但褚时健就是用自己的专注和认真，将酿酒的工艺水准提上另一个台阶，也将自己的工作做到了极致。

后来，褚时健还在酒的鉴定上，练就了一个独特的"招数"。酿酒完成后，酒会装在直径三四十厘米的酒罐里，一般人想知道酒罐中酒的度数时，需要打开盖子，闻了之后才能确定。而褚时健只要敲一敲罐子，就能知道。他说，如果度数高，敲击罐子的声音就很清脆，反之，则声音特别沉闷，声音中有种空洞感。十几岁的褚时健就成了一个酿酒小专家。

在玉溪卷烟厂时，褚时健强调要么不做，要做就要做好，凡是沾手的事都要做好。为此，褚时健经常深入生产一线，去学习烟丝怎么切，怎么回潮，去了解生产过程中的所有工序，于是，他对制丝线和制烟线的所有生产流程都烂熟于心，变成了专家型厂长。正是由于这样一丝不苟的工作态度，紧抓卷烟的产量和质量，褚时健摇身一变成为烟草专家，将玉溪卷烟厂带上了一个新的高度。

从少年到中年，从酒厂到烟厂，褚时健似乎从来不知疲惫，老年时期的褚时健整装待发，瞄准"橙子"。开始的时候，褚时健依旧对这个行业一知半解，远没有现在这般精通，可为了种出极致口感的橙子，褚时健专门成立实验室、检测室，他虽然不是科技检测专家，但他对实验的要求却比专家还严谨苛刻。每个星期他都要召集化验室的人开会，讨论检测数据，然后通过这些数据来分析，来年应该如何改进，有哪些地方含量高了，有哪些地方含量低了，每一项指标都要达到极致的标准。后来的褚时健专业到何种程度？叶片出现黑点，他就能知道是哪种微量元素超标；通过叶片形状的比较就可以知道哪几棵树缺锌；每亩地需要多少有机肥、复合肥都能做到心中有数。

回看褚时健的一生，经营的事业虽有共同点，但具体行业跨度非常大，每一行业都需要具备不同的专业知识。褚时健每次都能将自己从外行人变成一个彻底的内行人，其背后是自身强大的学习能力在支撑，而对专业的极致追求是他能够做一行成一行的重要原因。凭借着"做一行，爱一行，精一行"的人生信念，褚时健将自己潜能的天花板一次又一次地向上提升，这样的性格才是最值得学习的。正如他所言："有很多事不认真，该办好的事就会办不好。从我们种果树的第一年起，问题就很多。但是我们就觉得，我一定要把这些问题解决了，一年一年的，我自己也充实了，我懂的东西更多了。如果你毛毛糙糙的，不求甚解，损失若干次，还在原地循环。"

每一次解决问题都将事情做得更好，为此褚时健数次从门外汉变成专家，做一行成一行，褚时健将精益求精贯穿在他的职业生涯中。老子说："民之从事，常于几成而败之。慎终如始，则无败事。"在褚时健身上，能看到工匠精神，他对产品精益求精、对事业专注极致的精神理念，值得所有人学习。

抓住核心问题

褚时健有一个口头禅，叫作"有谱气"。在云南话里，这便是心里有底、做事有信心的意思。褚时健的谱气，不是因为成绩和辉煌，而是来自他善于钻研的学习能力。他比别人更懂专业、懂技术、懂管理，无论什么问题，在他这里都有办法解决。这是因为他认为不管什么事都要搞懂才做，不懂就要向别人学习。

如今，企业运营的内外环境复杂多变，这就要求企业家具备拨开事物表象、抓住事物根源的能力，而这样的能力只有通过持续学习，建立系统的知识体系才能获得。善于学习的人总是能够快速掌握事情的本质，拥有删繁就简的能力，看清事物的根本，抓住要害，并且绝不服输。褚时健无疑是这样的佼佼者。

少年学习酿酒，酿酒技术率竟然超过了师傅，出酒率能做到比同行高出15%；中年做烟，能做到名动世界，压倒英美名牌；老年种橙，能种到风靡全国，一橙难求。他在做这些的同时，别人也在做，而他却能次次成为同行的领头羊，这其中必然有一套独特方法。

其中一大重要秘诀就是褚时健的全局思维，他清楚企业的每一个环节都在耗能，每一个环节和企业的联动性，他知道该如何去平衡企业运作所需能源的消耗量跟产品的产出量之比，也知道如何合理压缩消耗，创造更高利润。为此，他向来只抓关键问题。

在糖厂时期，褚时健管理的糖厂是新平县唯一一家红糖厂，当时厂里生产技术差、生产成本高，经营状况极差，濒临破产。褚时健接管后率先抓出影响生产的关键问题：因为糖分没有被充分压榨出来，故而出糖率低，生产效益差。主要矛盾要优先解决，于是他率先进行技术改造，把滚筒压榨机从原来的 3 个增加到 9 个，充分压榨，出糖率提高了不少。随后，他去外地的白糖厂进一步考察学习，继续改进压榨流程。在压榨过程中加入40℃温水，将滚筒压榨机增加到 12 个，此时甘蔗中的糖分被压榨干净，褚时健此举既提升了出糖率又减少了成本，糖厂很快就扭亏为盈。

褚时健曾说："一个优秀的企业家，首先应该是精算师。"精算并不是指在数字运用上的造诣，而是体现在实操手册上，做糖、做烟都是如此，所以他总能在困境时期翻盘而上，直至超越同行。选择种橙子时，褚时健发现美国橙类的平均产量是 2.5 吨／亩，而国内的产量不到 1 吨／亩。褚时健这时就思考，如何才能在保证橙子口感的情况下与美国的产量看齐。

褚时健抓住了关键问题，他所追求的是产量与质量的双结合。为此，他先初步确立一个大的改进方向，围绕这个大方向，把方法分切为多个不同的细节，然后根据细节逐一点对点地加强。比如，他认为高产量和剪枝有关系，他就亲自下地去仔细观察每一个修剪细节，剪多少厘米、剪到什么程度、什么时候剪，他都会做好详细规定。一年一年地改进，一年一年地观察、总结，经过反复实验，最终找出了一个最合适的剪枝方案。

可以说，在每一个种植环节，褚时健都有一套详细的操作方法和指标。他用了12年的时间让褚橙从种植到成熟形成了一套统一技术标准，最终达到完美的效果。能做到这样精细化的管理，全国做柑橘种植的只此一家。

很多企业家都问过褚时健一个问题："为什么你做什么都能做到让同行仰视，难道你比旁人都聪明？"对于这一点褚时健曾直言不讳地回答："我不认为我比他人聪明，相反我有时还很笨，但我是一个认真的人。虽然有些人比我还认真，我想我与他们最大的不同就是，我把主次关系分得很清，我的精力大多用在解决大问题上，小事情能放就不会揪着。"

成功企业家大抵如此，不拘小节，主次分明，抓住核心问题来解决。但褚时健做得比很多企业家更为出彩，他是一位影响企业家的企业家，是企业家心中的企业家。

对事情负责

褚时健说："要说我一生的追求，我想很简单，不管是给国家干还是为自己干，我都有一个不变的追求：沾手的事情就要干好。大事小事都一样，我希望对我的家乡、我的民族、我的国家做点好事，我们这一代人，逃不掉地有一种责任感，干好自己的事，就是我的追求。"

褚时健有种天生的责任感，所有认识褚时健的人评价他时都会提到"负责"二字。负责不仅是态度，更是做好一件事的重要法宝。14 岁时他是家里酒坊的酿酒专家，31 岁时他是糖厂的制糖专家，51 岁他成为种烟专家，75 岁他又成了种橙子的专家……所有看起来不可思议的事情，都在他身上成为优质的可能，这是为什么？凭的就是他做事的认真态度和专注精神，对自己做的每一件事负责。

这种认真负责的态度是他从小就养成的习惯，褚时健年少时，父亲就去世了，他为了减轻母亲的生活负担，主动辍学去做烤酒。烤酒是玉溪当地流传下来的祖宗手艺，历经百年传承，各项制作流程都很成熟，只需要按照前人总结出来的经验照着做就行，若想提高产酒量却比较难。

因为传统烤酒的过程步骤多，工序复杂，先泡苞谷，然后蒸，放酒曲发酵、再蒸馏、接酒，蒸的过程必须保证锅里一直有水，灶里一直有火，稍有不慎就前功尽弃，因此要时刻都守着。此时的褚时健才十四五岁，为了不让自己因为犯困而耽误烤酒，他就摸索出一锅水从开烧到烧干所需的时间，自己定下时间，敲下警钟，靠着墙浅睡，稍有动静立马就醒，从未烤煳过苞谷。十几岁正是贪睡的年纪，而褚时健从那时起就养成做事一定要认真负责的习惯。认真做事、绝对负责就成为他身上的一种品格和工作作风。

当厂长后，褚时健更是把这种认真负责的精神发扬到极致，只要沾手的事情，他就觉得自己有义务将其做好。他的前半生几乎都在做挽救性事业，虽然没经验、不了解，但一出现问题，他就先从第一道工序开始找原因，每一个细节都不放过，很快就能找到问题的关键所在，然后对症下药，大刀阔斧地改革。正是因为他做事认真，找到一个问题就解决一个，不断提高对产品产量和质量的追求，才使戛洒糖厂转危为安，才使玉溪卷烟厂成了全行业的标杆。

一次成功可以说有运气的成分，但次次成功就无法用运气来衡量了，可以说褚时健的成功，无不体现在他的"认真负责"上。一个人认真负责，做实事，态度端正有可能把事情做成功，但若是将认真负责形成自己的行为习惯，深入骨子里，这时候所能到达的效果就不只是获得成功了，而会转化成为一种精神，一种让人奋进的力量。

褚时健身上最打动人的地方就是他一生中经历过太多的大情小事，会做的、不会做的，他都努力去做到极致，不凭喜欢，不论经验，只要做了就要认真做到最好，对自己做的每一件事负责。这正是很多人身上都缺少的品质和态度，他干一行爱一行，干一行精一行，管理的企业也如同他的人格一般，追求优质和卓越，所以他做出的产品能够成为行业标杆，引领市场。

褚时健一生的成功验证了他说的那句话："我有一个不变的追求，沾着手的事情就是要干好。"褚时健的责任理念始终是他所领导的企业的指导思想。它将企业身边的力量有效凝聚到一起，支撑着企业的可持续发展。

不断尝试

当面临"难"这座无法逾越的高山时，光看是看不出一条缝来的，唯有用斧来凿，一日一寸，一寸一尺，终有一天，飞跃必来，突破随之。褚时健说过，要一直不断地解决问题，要不断地摸索总结，这样才能真正解决问题。

"问题是拿来解决的。不解决，就永远解决不了。褚橙的基地处在干热河谷，最缺的就是水，水的问题解决了，气候问题解决了，其他的都不是问题了。"褚时健一开始种橙子，就说了这样的话。

在哀牢山，褚时健所承包的那片山地被当地人称为"雷响地"。所谓"雷响地"就是完全靠天吃饭的土地。由于长期不轮作，土壤板结厉害，灌溉水源和设施严重不足，这片地是很多人不愿意接手的。要想在这里建立大型的果品生产基地，褚时健觉得必须率先解决水的问题。

没有现成的水源，那就去找水、引水，褚时健解决问题的思维就是如此简单。于是他上山下河，四处奔波，跑遍哀牢山的沟沟坎坎，不能坐车的地方就走路，没有路的地方就爬山。陪他一起看地找水的人，也不得不佩服这位年过七旬的老人。皇天不负苦心人，在细致勘探了整片山地后，褚时健想出了一个好点子：从南恩河架设引水管道。南恩河的水源来自哀牢山深处的原始森林，河水清亮，流量充足，几条管道就能将优质水源引进，哺育果子。很快，从哀牢山到褚橙基地的引水管道架设起来，总长 18.6 千米，投资 138 万元，这是褚时健在水源上的最大投资①。

　　管道已有，但引水量不足的问题日渐显露出来。每年 5 月到 6 月中旬是果子抗旱的关键期，有一年云南遇上高温天气，原有的一根管道引水量不足，很多果子都没得到充足的灌溉，个头小不说，果皮甚至开始有些发白。"不能让问题循环，今年的问题不能留到明年。"褚时健想。于是他立马找到负责引水工程的办公室主任，"我要多加一条引水管道，今年春节前必须完成。"在增加投资后，基地新增了一条引水管，抗旱期的果树有了充足的水，第二年果子就有明显的变化，不仅直径变大了，就连果子的色泽都比上一年的要好。隔壁家的果园，成熟期只收了 1000 吨果子，而褚橙却收了 1.3 万吨的果子。这都是因为褚时

---

　　① 吴洁. 大佬务农：褚时健与他的"励志橙"［J］. 小康·财智，2014（2）：40-45.

健一直在解决问题、不让问题循环而产生的结果。

褚时健不仅强调解决问题本身，更强调对解决方法、经验的总结。2008 年，褚时健对外孙女婿李亚鑫说道："在人生的每一个阶段，总会遇到很多机会，关键在于能不能抓住这些机会，这就看你这个阶段的积累够不够。"那时李亚鑫刚从国外回来，觉得褚时健搞的褚橙没有意思，来钱来得太慢。看到如此浮躁的李亚鑫，褚时健将他带到褚橙基地，指着那些果树说道："最开始我们种下这些果树的时候，也不知道结出来的果子是甜还是酸，但不能因为不知道前方是什么样就不走，还是得走啊。这过程中，有成功也会有失败，那你就把成功的经验和失败的教训总结出来啊，这样一年一年地总结，经验不就出来了吗？就像现在褚橙用的肥料结构，也是摸索了四五年才得出来的。"

做的每一件事都要总结，成功了，要总结成功的原因；失败了，要总结失败的教训。这样一年一年地总结，机会来的时候才能抓住。

那些看似伟大的企业，都是经过了无数个朴实、枯燥的日子后，兢兢业业持续积累而来的结果。没有一步登天的企业，就算是有，也会像泡沫一样转瞬即逝。不管你的理想有多么伟大，没有一步一个扎实的脚印，没有孜孜不倦、持续不断的努力，理想就只能停留在"想"的阶段。

第五章

拥有同理心

　　无论我干什么，都有很多人铁着心要跟着我，这里面的秘诀就是：我关心他们，他们也关心我。我可以帮助他们尽快改善现状，尽快达到他们的目的。所以，一个老板要想员工努力，就要先让员工好。

——褚时健

不少人，创业初期总是在想，成功有没有什么诀窍，有没有什么捷径可走。开始时，总是迫切地寻找着成功速成法，可是等走了一圈之后，静下来思考才发现，原来成功真的没有捷径。唯一的捷径就是沉下心下来，脚踏实地地做。

一个成功者是具备诸多品质的，比如自信、果敢、沉着、坚毅等，还有一点不能忽视的就是懂得为他人着想。

褚时健就是这样的一位懂得为他人着想的成功者。在中国传统的认知里无商不奸，似乎所有的商人都是一群只知道追逐自身利益、疯狂压榨劳工剩余价值的"吸血鬼"。所谓为他人着想，为员工着想，为农户着想，在商人眼里似乎只能是天方夜谭。然而，到了褚时健这里，却不是这样。他把自己吃亏当成是一种常态；把让利于人当成是一种习惯。

褚时健常常对身边的工作人员说："我跟农民打了一

辈子的交道，农民是最淳朴勤劳的人，对农民做事要合情合理，我们能让一点是一点，不能让农民吃亏。"正是因为褚时健心中一直长存关心人、尊重人的理念。因此人性化管理，"把人放在第一位"，成了褚时健管理理念中的第一准则。

有位著名的管理学教授曾经说过，如果你想要什么样的员工，你自己就得是什么样的员工。这句话，用在褚老的公司最贴切不过了。在许多场合，褚时健都不止一次地说过："我自己就是一个农民。"凭借一股子钻劲，他亲自下果园查看，不懂的地方向老农请教或是买书籍研究，就这样，他愣是把自己做成了榜样。以至于不论是老员工还是新员工，纷纷向他看齐。他们相信，跟着这样的人干，他们的生活有奔头。

利他思想

在生活中，褚时健常对自己的孙辈说："自己吃点亏不要紧，要常想想有没有让朋友吃了亏。要让他们占到便宜。"

他小时候家里穷，经常吃不饱饭。有一天，家里只剩一碗米了。这时，一个乞丐沿着铁路乞讨到他家里，他的母亲分了半碗米给乞丐。褚时健很纳闷："我们自己都吃不饱了，怎么还给别人呢？"他的母亲解释说："乞丐比我们更难。"母亲的言传身教对褚时健影响很大，他懂得了与人分享，并且心存善意。多少年后，他仍然记得母亲施舍出去的那半碗米。从那之后他凡事想着别人，害怕自己搞不好，让别人吃了亏。

1994 年 3 月 10 日上午，云南"两烟"交易市场二楼卷烟交易厅内聚集着来自全国各地的 400 多名交易员，他们当天的目的，就是拍下玉溪卷烟厂生产的玉烟。由于玉烟品质优良，很多交易员出了很高的价格，当天的"红塔山"最高已经报到了每条 76 元，但现场仍然供不应求。这样的价格对于烟厂来说具有巨大的利润，但褚时健做出了一个惊人的举动，他决定，这个价格过高，"红塔山"当天不成交。

对于此事，褚时健在接受《经济日报》记者采访时给出了原因：我们不能光图厂家的利润而忽视了商业的利润，如果定价过高，经营者就没有了积极性，消费者也会因为过高的价格望而却步。如果"红塔山"成了贵族消费品，那么它的市场一定会巨幅萎缩，我们厂家也等于在搞高价自杀。在经营企业时给经销商和消费者让利，让自己吃点小亏，让经销商和消费者有便宜占，反而让"红塔山"占领了更多的市场，足以和国外的同等价位的香烟竞争。

在创办果园的初期，他处处想着不能让农民吃亏，用接近一年100元/亩的价格包下当时每年净收成只有80元的甘蔗地。农民得到了更大的利益，自然会支持他的工作。其他人总说拿农民没办法，不好管理，但农民却很听褚时健的话。其中的差别仅在于褚时健设身处地为农民着想，大家信任他，就愿意听他的指挥。

褚橙一开始的时候卖得并不好，经销商们觉得价高，而且推销新品种有风险，他们都不愿意。后来公司对水果店的老板进行了利益诱惑：水果他们运过去，先不给钱，只负责卖，利润给20%—40%，卖后再结款，如果有破损，公司上门回收，水果店的老板不用承担任何风险。正是这样诱人的条件，才慢慢地打开了褚橙的市场。用褚时健的话来讲，要让经销商赚到比较多的钱，同时让消费者可以用更实惠的价格买到橙子。只有让经销商有钱赚，他们才能更好地销售，橙子才会有更多的市场。

褚橙成为爆款之后，褚时健开始安排基地扩建。在元江县，褚时健承包了3000亩土地，但这些土地都是山地，并不是最适宜种植冰糖橙的地方。有人问褚时健，为什么不多争取平原地带的土地？他的回答十分朴实，他说："算了。云南山地多，农民们难得有块平地种粮食，粮食比水果重要，我们还是多开发点山地出来。我们费点力，但对老百姓来说是好事。"

从褚时健的经营事业中可以看到，他做任何事情都是从利他思想出发，这是他经商的原点。他习惯站在对方的立场想问题，做决定，不带一丝功利色彩，而是真正想让别人好。一个利己主义的人，在达到个人目的后，很容易失去自我，甚至为了一己私欲做出违背道德、危害社会的事情。而一个利他主义的人，心中有大爱，他们的善良和无私会产生强大的影响力，让企业获得更长远的发展。实际上，互联网商业所奉行的共享理念或者平台模式等，都是利他精神的表现形式。无论何时，商业的基本原则不会改变，那些看似古老的品质会永远流传。

与人共鸣

褚时健在与人打交道的时候总是从事实出发，站在别人的利益角度去想问题，这样就能快速和对方产生共鸣，建立起相通的感情。在彼此理解和支持的基础上，沟通会更加高效，事情的推进自然更顺利。

其实人类在本质上是相似的。对爱、对生活的恐惧与担忧，对未来的彷徨，对幸福的向往，对美好生活的追求，在某种意义上来说大家都是一致的。

心理学家曾提出"共情力"这个概念，共情力来源于换位思考，意味着我们能站在他人的角度去感受他们的内心世界，这样能够与他人建立亲密的情感连接。

在《共情力》一书中，作者亚瑟·乔拉米卡利提出，共情（empathy）是一个人能够理解另一个人的独特经历，并对此做出反应的能力，就是能够让一个人对另一个人产生同情心理，并做出利他主义的行为。共情是人类根源于基因的一种天赋，但并不是一种情绪，也不是一种感受，而是人类与生俱来的一种能力。① 这种能力与同情心有着本质的区别，同情心往往是感性的情感，受到个人情绪的影响，是一种直觉的表现，而共情力是基于事实做出的客观、理性反应。

中华人民共和国成立不久，云南宣布和平解放，第二野战军第四兵团部队进入昆明，加上其他各方面的部队，军队的口粮成了一个难题。云南开始了征粮工作，褚时健也成为南阳街市墩子村的征粮组组长。

征粮工作困难重重，很多部队的服务人员也加入其中，但由于工作方法不当，工作进展缓慢。短短三四个月的时间，有些地方的征地活动升级演化成了暴力镇压，给社会造成了不良影响。但褚时健的征粮工作进行得十分顺利，他心系农民，深知农民的生活不易，所以征粮要留余地，给各方都留活路才能解决问题。褚时健挨家挨户摸情况，和农民聊得火热。农民见他没有官架子，都喜欢这样的干部，一五一十地把自家的情况讲清楚了。村里的干部直接让褚时健定，他说征多少，就征多少。褚时健也给农民们留足生活口粮，双方很快达成共识，征粮活动得以快速推进。

褚时健做人正直，向来对事不对人，一切以事实为

---

① 亚瑟·乔拉米卡利.共情力［M］.耿沫，译.北京：北京联合出版公司，2017.

依据。这不仅减少了许多矛盾冲突，而且赢得了他人的支持。褚时健是一个硬汉，他可能缺少感性情绪，但他总是从事实出发做出响应，经过深思熟虑后做出判断，这样的共情力保证了行为的正确性。这种从事实出发的思维，也避免了一个人因为感性而做出冲动的错误决定。

改善员工生活

褚时健刚到烟厂的时候，发现每个职工上班都提个瓦罐，下班后打车间的热水回家用。那时的职工宿舍就是用土坯盖的小平房，一套 28 平方米的房子被分成两间，住着两户人，中间只用一张草席或帘子隔开。靠里一家人出门必须经过靠近门口的另一家住户的房间，十分不方便。在这种窘迫的环境中，厂里男青年没办法和外面的女青年谈对象，厂里的女青年也很难嫁出去，大家都觉得这生活太苦了。

当时一个工人说过的话深深触动了褚时健，他说："有些领导没有把工人当人，只知道叫我们拼命干。事情做好了没有表扬，做错了使劲批评。没有人关心我们工人，好像我们干什么都是应该的，而那些领导什么都不干也是应该的。"

在这种情况下，褚时健到卷烟厂的第一件事情就是给职工盖房子，保障职工的基础生活。尽管遇到一些阻力，但他力排众议，用当时账上的 170 万元建房款，在较短时间内给职工们建好了房子。在之后的 10 多年里，玉溪卷烟厂建房子成了传统。直到褚时健离开，公司账上有 28 亿元的建房款可以使用。

做完这些，褚时健又开始为员工们的收入做打算："要他们主动、积极，就要把他们的基本生活，甚至包括工资、奖金、收入不断地与社会上同行业单位对比，不比同行差，甚至比同行好一点。"比如，在"计件工资"制度下，企业打破了"大锅饭"制度，在保证质量的前提下，工人按生产的数量计酬，实行多劳多得，这就极大激发了工人的积极性，卷烟厂的产品品质和产量都快速上升。

一开始，厂里的职工在没有看到实际的激励之前也是不信的。而当职工宿舍排除万难地建起来，职工手里拿着住房钥匙，自然对这位说到做到的厂长有了信任感。有了条件，就有了希望。原先不少人想离开卷烟厂，现在争着抢着做好工作。以前卷烟厂的男职工找不到女朋友，现在很多姑娘认为嫁给烟厂的男职工有保障，有安全感。

在对待种植户时，褚时健也把物质保障放在重要位置。他知道，只有让农户有了基本生活保障，才能激励他们认真耕种。他说："烟农辛苦栽种烟草，给烟厂创造效益，我们不光给他们一点经济上的回报，还要帮他们把基础建设搞好。首先是改造他们的水浇地、烟区道路，然后是扶贫，我们叫扶持烟农，提供免费化肥和技术，我们派人下去指导烟农种烟。烟农就很高兴，每年只管放心种地，不用考虑销路了，因为玉溪卷烟厂采购全部烟叶。"

在实施改良烟叶的试验中，褚时健对烟农们提出要求，哪怕晚一阵，也要等烟叶完全成熟才能采摘，这样才能保证烟叶品质。但天有不测风云，有一年，基地遭遇了自然灾害，烟农遭受了损失。褚时健去田里走访的时候，看到了一个哭得很伤心的老农，一问原因，才知道是她家种植的烟草全被冰雹给砸坏了。褚时健决定，由烟厂赔偿老农的损失。

那一年，烟厂赔偿的不止这一家农户，好多因为冰雹砸坏了烟叶的农户也得到了卷烟厂的赔偿。之后，公司还给烟农都买了保险。一方面褚时健觉得是他让这些烟农缓些时间采摘才造成了这样的结果，另一方面他要激发烟农的积极性。褚时健深知烟民的想法，如果不好好处理这件事情，烟农的生活得不到基本保障，今后的合作将极其困难。如果烟农不按照公司制度进行种植及采摘，烟草的品质一定会受到影响。虽然此举让卷烟厂多支出了不少钱，却赢得了人心。农民利益得到了保障，也就更加严格地执行种植标准，一心种好烟草。

后来在管理褚橙种植户的时候，褚时健沿袭了保证农户物质基础的做法。首先，解决农户的住房问题。公司出资为基地种植户建造统一住房，一开始每套50多平方米，后来扩建到70平方米，不收租金，农户只需买一些基本家电就能住得很舒适。其次，农具、肥料等生产物资由公司免费提供，农户只需做好操作工作就可以了，这极大地减少了他们的生产成本。其三，农户每个月能够领到一笔预支的基本工资，根据工龄长短等条件，每年还会有一定程度上浮。在这之前，农户领工资的做法在全国也很少见。其四，基地每年会综合农户所产果子的产量、质量情况来评级，不同的级别对应不同的收购价。扣除平日预支的工资，剩下的全归农户所有。按规定，级别高的果实越多，农户收入越高。于是，收入比别人少的果农就会琢磨，一样的土地，为什么别人的果子比我多，品质比我高，收入比我多？然后他们会主动学习，努力干活，种出更好的橙子。

很多农户以前种甘蔗、玉米，勤快一些的人家年收入有四五万元，普通的农户年收入也就一两万元，生活基本处于入不敷出的状态。一位农户回忆说："在我小时候，家里就是种甘蔗的，只能保证温饱，投入大、收入少，每亩地只能产出三四吨甘蔗，每吨总收入420元，劳动力多的一大家子最多也就收获100吨左右，除去农药、化肥的开销外，再加上成本最高的砍甘蔗人工费，每吨只能剩下120元左右。每年净收益就1万元左右。"[1]

① 顾军. 从烟王到橙王：八旬老人褚时健再创财富人生奇迹 [J]. 决策探索，2012（9）：83-85.

让合作者赚钱

褚橙基地，有的农户年收入超出了 10 万元，平均也能达到 6 万—9 万元。如今，在基地里，农户除了种橙子之外，还可以养鸡、养猪，增加副业收入。日子富裕了，农家孩子有钱上大学了；大部分农户还买了摩托车、小卡车。褚橙果园开办之初，原先农场留下来的农户不到 20 户，其他大多数是戛洒镇、水塘镇、镇沅县等其他地方来的农民。如今，在基地的农户都希望能够长久地留下来，为此，公司为一些年长的老农户开绿灯，答应他们在身体健康的情况下，60 岁也能继续工作。此外，还有许多农户排队想要到褚橙基地劳作。以前很多农户不会住在基地，现在他们为了种好橙子，获得更大的收益，都主动驻扎在果园里，每天勤劳地做活。

褚时健是农民的儿子，他知道对于一辈子面朝黄土背朝天的农户来说，保证他们的基本生活需求是多么重要的事。有人说农民懒惰，但实际上他们是最勤快的群体，当他们身处合理的环境和机制中，就能发挥他们的潜力。一位农户管理者说："在合理的激励机制下，农户就不会懒散了，今天该做的事情绝不会拖到明天，他们可以清早四五点就起来干活，在烈日下流汗，绝无怨言，因为他们知道，把地种好，就有钱可赚。"

在经营上，褚时健最关心的一个数据便是农户的收入情况。他不会问公司收入多少，而要了解农户的收入，他知道，农户生活好了，公司就好了。在他的观念里，激励一定要跟利益挂钩，一定要让大家都赚到钱。"如果我们三年的收入都连续下滑，果农的情绪就不那么好了，因为没有希望了。"

褚时健说："老板跟员工的关系，就像发动机和车轮。发动机失灵了，轮子再好也没办法跑；轮子没了，发动机功率再高也跑不动。"很多人都说农民不好管，但他觉得，只要能够调动他们的积极性，管理几千个农民也是比较容易的。把果园的收入和果农的收入作为利益共同体，他们自然把公司的事情当成自己的事情一样干。①

一位姓段的农户，家境贫困，曾是建档立卡贫困户。所谓建档立卡，是政府扶贫开发和农村最低生活保障制度的一种，以县为单位，按照规模控制、分级负责、精准识别、动态管理的原则，对每个贫困户建档立卡，建

---

① 张玥. 褚橙果园操作手册［J］. 植物医生，2016（4）：4-9.

设全国扶贫信息网络系统。①这位农户谈到，以前种地只能填饱肚子，几乎没什么收入。成为褚橙的种植户后，每年每棵橙树会为他带来15元的管理费，平均每月能够拿到2690元，剩下的每棵3元会在年底一并结清。物质生活有了保障，他觉得生活有了希望，他说："现在每个月有工资，日子也不苦，等以后果树挂果子后还有收入。"褚橙公司里有很多这样生活贫困的建档立卡户，后来加入公司做管理户，收入有了保障，已经有一部分脱离了拿补助的生活。

如今，这位农户每天没有多少时间休息，起早贪黑去干农活，他已经这样干了大半辈子了，以后也可能一直这样干下去。不过，与之前相比，这已经有了本质上的不同。以前往往农药就能解决的问题，现在要用除草机，动手去捉；自家种的田想上工的时候再去，现在每天都必须准时上工。他说："虽然活儿比以前累，但看着树苗一天天地长大，心里是真的高兴。"

---

①《中国扶贫》编辑部. 2014年扶贫"一号工程"全国即将开展农村扶贫对象建档立卡工作［J］. 中国扶贫，2014（7）：16-19.

又做又带

2001 年，褚时健召集了一批人开会，其中有经验老到的柑橘研究专家，有种地的农户。他在会上对大家说："我们要把产量做到 6000 吨！"参会的人听了他的豪言壮语，面面相觑，心里不太相信，认为褚老在"吹牛"。

10 年后，褚橙的产量不仅达到了 6000 吨，而且超过了万吨。当年的参会人在回忆时，语气里充满了对褚老的敬重之情："我们以为是开玩笑的，但他真的做到了！"在大家心里，褚时健说到做到，是一位值得信任和跟随的领导者。而褚时健说："一个老板想要员工努力，首先就需要对员工好。我关心他们，他们通过努力能够达到收入目标，生活水平提高了，所以大家愿意跟着我干。"

褚橙组建之初，也经历了一段亏损的时期，那个时候，条件尚未成熟，褚时健给农民发的工资也很有限。但是褚时健秉持"做给大家看，带着大家干"的精神，把基地的人员团结在一起，硬是扛过了艰难时期。短短几年时间，他从一个柑橘种植外行变成了专家，成了解决问题的能手。因为他知道，要让他人服气，自己就要懂行。

对待果园里的农民，褚时健没有任何老板架子。有时候遇上农户来办事，他会邀请农户一起吃饭。和农户在一起的时候，也喜欢给农户散烟。好像他并不是一个老板，而是农民们的一个普普通通的朋友和邻居。他经常主动给干活的农民发根烟，聊一会儿，问问工作中的情况。农民也喜欢这样的老板，愿意将工作中的困难和问题与褚时健沟通。有人问褚时健："您管理员工的秘诀是什么？"他说："关心人，尊重人。"在褚时健的心中，始终把工人当作个体来对待，他尊重每个人的独立想法。当员工感受到了被尊重的时候，他们会觉得自己不仅是在为老板工作，也是在为自己奋斗。一致的精神理念更能凝聚人心，激发人的雄心壮志。

褚时健曾到云南农业大学招聘新人，他和夫人马静芬在台上给大学生们做宣讲，欢迎大家加入公司。平日里，许多外界活动邀请他参加，都被他拒绝了，但他亲自到大学招聘，可见他对人才的重视。宣讲会结束后，两位老人还邀请有意加入公司的学生们一起吃饭，聊人生、聊事业、聊农业。一位加入公司的学生回忆说："褚老和我们说，这是一件难事，基地条件艰苦，让我们想清楚再决定，他很尊重我们。"

平常公司中有新的员工加入，褚时健会尽可能地陪大家吃顿饭。基地很多人印象最深的都是褚时健说的那句"年轻人，慢慢来，不着急"。在褚橙庄园的菩提树下，褚时健和年轻人坐在一起，聊他经历过的坎坷磨难。一位作业长回忆说："我刚进基地的时候24岁，褚老80多岁，有时候他找我聊，我答不上来几句话，感到有些尴尬。"但他记得褚老的话："年轻人要耐得住寂寞，做出事来需要时间。"因此，他每天往地里跑，一去就是一整天，仔细研究施肥、防虫、剪枝疏果……不懂就去问老作业长，去学习交流，看别人怎么做的。最终，他成了褚橙基地最年轻的作业长。

不管是在老基地还是后来扩建的新基地，人们都深受褚时健精神的影响。一位褚橙龙陵基地的员工毕师傅回忆说，他曾被派去哀牢山老基地进行为期3个月的培训。在那里，他见到了褚老，知道了他的人生经历。他说，那一刻，自己心中的苦闷和不如意都消散了，填补进了铺天盖地的震撼。他看到一个沧桑的老农人，在80多岁的高龄，即便腿脚不灵还在土地里行走，这给他的精神造成了强烈的冲击。

有一次，在考察有机肥料的时候，大家都嫌臭，捂着鼻子，而褚老拿起一把鸡粪，凑到鼻子前闻了闻，还用手指捻了捻。这一幕被毕师傅看在眼里，让他深受感动。他心想："为什么褚老能做到，我们做不到？"之后，他不再责怪老天不公平，只觉得自己眼界太狭隘，进取的信念不够炽烈。毕师傅结束培训，回到龙陵新基地后，工作勤恳用心，很快就被提拔为水务组组长。

　　基地很多人都谈到，当褚时健还是烟厂厂长的时候就知道他是个能干的人，他大起大落的人生经历令人叹服。他们愿意在这里拼命工作，就因为他是褚时健。人生总有起落，精神终可传承，褚时健不只影响了哀牢山的农户，而且也激励着许多人不怕磨难，勇往直前。

第六章

肩负社会责任

我对国家没有怨气，还是要为国家想想，国家好大家才好。

——褚时健

在回顾褚时健创造下的那些商业奇迹时，我们发现，他不仅有着超越时代和体制的经商智慧，还有着极大的力量，就是回报社会。"我希望自己的企业对国家有好处，贡献越大，我就觉得越高兴。当我们有能力时，就应该更多地回报社会，要超过社会给予我们的。"①

在担任戛洒糖厂和玉溪卷烟厂厂长期间，褚时健带领着企业一步步扭亏为盈，在这一过程中所创造出的税收、就业机会、地区及周边产业的拉动等，其实都是对社会的一种回馈。在他看来，企业效益好了，就得考虑社会公益，这不仅仅是一种帮助，更是企业家应尽的义务。

晚年，褚时健在二次创业时，更时刻牢记回馈社会的使命感。让农民成为自己的"半合伙人"，出资扶持当地经济，资助教育，对农民、社会及国家，褚时健有一种天然的责任感。

---

① 时代纪录. 褚时健说：生活总会给我们留下希望［M］. 北京：新世界出版社，2016.

授人以渔

经营企业，将企业从泥潭中拉出来，将企业推上效益之路，这是最大的企业责任。

褚时健经营企业，崇尚效益，他希望产业链条上的人都能获得回报。

2018 年 9 月 10 日，阿里巴巴集团创始人马云公开宣布自己将不再担任集团董事局主席。面对众人的好奇提问，马云从容不迫地回答："我刚刚度过了我的 54 岁生日，创业了 19 年，但我其实还有更多热爱的事情想做，比如教育和公益。"比起马云把慈善作为一项事业来精心布局，作为改革开放以后成长起来的第一代企业家，褚时健回馈社会的干法更多是授人以渔。

褚时健崇尚"授人以鱼，不如授之以渔"。很多人忽视了褚时健对中国精准扶贫的贡献，目前常规的扶持做法通常有两种："输血式"或"造血式"，而褚时健则开创了产业扶贫之路。

"输血式"扶贫只能解决农民的暂时性问题，并不持续，"造血式"救助贫困，尤其"直接造血式"扶贫办法，无论是从眼前还是从长远而言，都是授人以渔。

在管理烟厂时，褚时健不仅把玉溪烟厂发展起来，还尽力帮助同业获得发展，行业强则企业强。

"造血式"扶贫能够帮助农民找到致富增收的方法，从而使他们彻底摆脱贫困。"造血式"扶贫比"输血式"扶贫更能治本。身为企业家的褚时健自然深谙这个道理，在扶贫过程中，他特别注意要采用可持续性的方法和手段。

首先，扶持实业。1986—1994 年，在玉溪卷烟厂的扶持之下，附近的贫困地区陆续办起了各类企业达 40 多个。对于扶持地方工业和乡镇企业，褚时健有一套自己的做法：给予资金让企业自己先办起来或是搞个开发项目。比如，当时四川涪陵烟厂改造需要 3000 万美金，褚时健借给他们资金，而且不收利息，双方约定 5 年归还即可，解其燃眉之急。此时褚时健也在思考，怎样保障企业在拿到扶持资金以后都能把它用在实处呢？对此，褚时健想出了四个办法：

一是加强对企业的管理。1993 年，红塔（集团）总公司成立。这个公司专门负责对集团的对外投资事宜进行管理监督，其中一项就包括对扶持企业的监督。二是先扶持再放手。对于玉溪卷烟厂出资建成的各个乡镇企业，褚时健不特殊对待，让它们自主经营，按照市场经济规律办事。如果这些企业生产出来的配套设施不符合标准，玉溪卷烟厂就不会接收。如此一来，被扶持的企业就有了危机感，避免了企业员工混吃等死的怠惰念头。三是对症下药，找准被扶持地区的工业短板，针对短板重点扶持。四是牵线搭桥，给被扶持企业积极介绍各方资源，培养企业自主发展的能力。

与此同时，褚时健认为教育投资也是一种可持续发展的方式。1993年，烟厂为云南省贫困地区赞助了530万元。在他的提议下，这笔钱被用来投资彩印厂、创办扶贫中专学校。再穷不能穷教育，有了扶贫中专培训学校，云南省各贫困地区的学院都进行了脱贫致富的科技培训。褚时健在扶贫时深谋远虑，一个实业来创收，一个教育来脱贫。怪不得事后当地都流传着"'褚老爹'扶贫真是扶到了家"的美谈。

对于农民，褚时健一直有着特殊的感情，晚年时期，尽管自己创业艰辛，但褚时健还是尽可能地帮助哀牢山附近的父老乡亲。哀牢山风景秀丽但自然环境恶劣，在崎岖不平的山间小路上行走着的村民们依然十分贫穷。但是，自从褚时健决定在这里种植冰糖橙后，这座山及附近百姓的命运都得到了改变。从荒山野土到满山果树，褚时健作为一个70多岁的老人，从2003—2012年，十分艰辛地改变着这座山的面貌。

褚橙老基地所在地区戛洒镇农民历来收入较低，来自戛洒镇政府的工作报告显示，2010年，当地农民人均纯收入2714元；2013年，农民人均纯收入5720元。在龙陵基地2014年落成之前，勐糯镇的农民以种植甘蔗为主。龙陵县的水土气候适合甘蔗的生长，所以这里的大部分农家会拿出大片的土地种植甘蔗。当时，随着巴西进口糖售价与国产糖成本价持平，当地甘蔗产业的经济优势不再，农民的收入开始减少，种甘蔗变得没有前途。

褚时健来到了哀牢山，创业之初，褚时健就拉来了当地农民当他的"半合伙人"。他不懂冰糖橙种植技术，农民更不懂。于是，他就天天看书自己摸索，和技术人员们一点点地试验，试验好了再领着农户一点点地做。在这个过程中，农民们逐渐掌握了种植冰糖橙的技巧。随着他们技艺的熟练，褚橙带来的巨大收益也开始慢慢显现。现在，在褚橙庄园里，各个农户都承包着一定规模的种植面积。他们的收入提高了，还掌握了科学的种橙技术，成了靠技术吃饭的新型农民。且在"公司＋农户"的利益连接机制下，大大减少农民的风险的同时，农户也可以规模化地进入市场运营。当地农民的收入直线上升，云南省产业扶贫领导小组办公室发展计划处的报告显示，2014年以来，褚橙基地区域的农民人均纯收入已从8536元增长到12104元。

这样的跨越让不知情的外行人震惊不已，怎么种个橙子，还能有这么多收入？褚老对此有不同的说法，他觉得自己种橙子，提高橙子的品质，本质上就是为了让农民的生活变好，不然这个橙子种出来有什么意思呢？

授人以鱼，不如授之以渔。没有华丽的语言，没有豪气万丈的规划，褚时健就这么默默践行着自己的企业家慈善精神，用自己的行动来帮助更多的农民。

反哺教育

　　企业家的使命首先是带动企业发展，在企业拥有效益后，积极回馈社会。今天干慈善和公益的企业家越来越多，管理企业需要有独特的干法，对于社会责任的参与和推动同样需要新的视角和干法。褚时健的所为提供了一个方向，那就是企业家如何介入企业社会责任。

　　今天依然有很多企业和企业家在探索践行企业社会责任，如何落实到具体的行动中呢？褚时健更多是从教育开始的。拉长时间来看，反哺教育也是他授人以渔的表现。

　　褚时健重视教育，在玉溪卷烟厂时就已经大手笔地投入，后来在哀牢山中种橙，对种植户的培训和教育资源的引进更是不遗余力。请注意一点，很多人认为企业社会责任就是公益，显然这是片面的，褚时健经营企业，首先是搞好企业内部，再兼济天下。

　　最初在玉溪卷烟厂，褚时健就意识到了技术的重要性、人才的重要性。一开始烟厂机器设备破破烂烂，生产效益低下，他亲自去国外引进先进设备，同时培育一大批技术人才，这才让烟厂逐渐走出低产量的困境，实现了企业的崛起和腾飞。正是因为认识到了这一点，在褚时健和玉溪卷烟厂有能力之后，他积极响应国家教育政策，为国家的人才培育做出了不少贡献。

1990年，经过党中央国务院批准，共青团中央提出了"希望工程"战略，号召社会各界以各种形式扶持贫困地区的教育事业，救助失学儿童。当时担任团中央书记处书记的刘奇葆亲自到玉溪考察，讲解"希望工程"的概念，号召大家为"希望工程"出一份力。褚时健听说是为了教育，立马带头决定首批赞助60万元给"希望工程"，并且成为对当时"希望工资"赞助最早、赞助额最大的单位之一。① 这只是褚时健为教育做贡献的一个开始。

1992年，云南省将往年投入教育方面的总值计算出来，发现对教育的投入还是不够大。为此，云南省决定加速实施"希望工程"，加大对边疆地区和民族贫困地区教育扶贫的力度。褚时健对这一决定拍手称赞，并继续划了2000万元用于资助云南省的教育事业。因为他的大力支持，云南省的教育步伐又往前迈了一大步，而他本人也受聘担任了"云南省扶贫基金会"的理事，为更投入地做好教育慈善工作发光发热。

---

① 先燕云，何晓萍.中国烟王褚时健［M］.北京：华龄出版社，1996.

同年，在褚时健的推动下，玉溪卷烟厂还向儿童基金会、教育基金会等捐款数百万元，只为让更多的儿童能够读上书。在教育工作开展得如火如荼的情况下，1993 年，团委响应团省委号召，发动职工捐资救助贫困地区群众和失学儿童。

"十年树木，百年树人。"[①]教育是一件长远且对人类发展进程具有深远意义的事情，褚时健不吝在这样有意义的事情上多投入一些经费。他在了解到偏远民族山区有许多乡、村和中小学校连一份报纸都买不起时，毅然决定由企业拿出 18 万元，专门征订了新华社《每日电讯》1000 份，全部赠发边疆贫困乡、村和中小学。

曼腊乡就是这么一个因为褚时健而改变了命运的小乡村，曼腊乡位于云南省勐腊县，地理位置偏远，在 20 世纪末的时候，外人几乎找不到进去的路径。乡村贫穷不堪，几乎只能维持温饱，村里的马叭小学也十分破烂，马叭小学只是用几根柱子撑起来的破草房子，一遇到刮风下雨，教室又湿又潮，学生们也十分受罪。教学设施简陋，有学问的教师也没几个，开学第一批招收的学生只有 28 人。而且由于当地人生活艰苦，很多年龄还小的孩子就已经是家里不可多得的劳动力了。若是送去上学，

---

① 出自《管子·权修》："一年之计，莫如树谷；十年之计，莫如树木；终身之计，莫如树人。一树一获者，谷也；一树十获者，木也；一树百获者，人也。"

家里少了一笔收入不说，还要花钱供他们学习。因此，就算有了学校，多数学生还是辍学回家了。最后只剩下12个学生留读。

1995年3月，马叭小学的校舍实在支撑不住了，乡政府虽有心重建校舍，但财力不足。正在这时，也是机缘巧合之下，褚时健正准备新一轮的教育资助，在云南各个偏远的地区了解情况，他注意到了马叭小学的窘状，当即决定由玉溪卷烟厂出资，为山区学子建立一所功能齐全、设备配套的乡村小学，完全按照国家教委制定的标准实施。工程历经一年，在众人期盼的眼神中完工。看着亮堂堂的教室，越来越多的曼腊乡人把自家的孩子送去学校念书。这或许也离不开褚时健的这番话："只有念书，才能过上好日子；只有念书，才能让贫穷远离大家！"像曼腊乡这样的山村还有很多，褚时健对扶贫教育事业的贡献，让那些偏远山区的人们不胜感激。褚时健却说："这没什么，都是应该的。"

褚橙广受欢迎以前，即在早期的种植阶段，褚时健就一直在抓褚橙的种植户培训，让大家的工作逐渐标准化和规范化。后来，这种培训和交流既在基地内部开展，也开始内外协作；褚橙基地也设立了院士工作站，还与云南的几所高校开设了褚橙基地班，更为系统的教育培训拉开大幕。

改变一个地区

好的企业都有一种辐射效应，它不仅可以感染身处其中的员工，还能够带动周围地区、人民和产业的发展。

从最早的戛洒糖厂到晚年的褚橙基地，褚时健似乎总是有一种能力带动当地百姓致富增收。通过辛勤的耕耘和超常的智慧，褚时健在不经意间改变着他自小长大的家乡。

企业家带领团队，在创造效益的同时，既解决就业，为国家纳税，还为地方发展助力。褚时健在管理烟厂期间，可以说带动了整个云南的经济，尤其对于玉溪的发展，贡献极大。此外，他还推动了整个中国多地烟草行业的发展。高龄创业进入冰糖橙行业后，他又把中国果业的品牌建设带到了新的高度。

褚时健出生于云南玉溪的一个普通农民家庭，他创造商业奇迹的坐标也在这里。作为一个地地道道的云南汉子，他对这里充满了深厚的感情。

20世纪80年代，褚时健意气风发，在他的带领下，玉溪地区犹如一列逐渐加速的火车，开始沿着时代的轨道飞奔向前。此时褚时健不仅关注着这个小烟厂的发展，自身的责任感也使其关注着周边地区的发展。

1984 年，为了解决玉溪地区内长期存在的贫困问题，玉溪行署划拨了 13 万元的专项扶贫资金。玉溪贫困面很广，区内聚居着 8 个少数民族，共 84 万人口，其中还包括新平、元江、峨山、易门、华宁 5 个民族山区乡。农业是当地人民的主要收入来源，由于靠天吃饭，收入不仅低下而且非常不稳定。据统计，1985 年五县的农民人均收入只有 372 元。而在一些特困乡村，人均甚至不足 130 元。

在得知这一情况后，褚时健当即站了出来，开始积极支持当地政府的扶贫大业。最终，通过兴修水利、建设公路、科技上山三大举措，褚时健和当地政府携手合作，带领当地人民苦战 10 年。到了 1994 年，当地农民的人均纯收入已经达到了 893 元，当地财政收入总和达到了 1.78 亿元。

此外，褚时健还先后对大理白族自治州、红河哈尼族自治州、西双版纳傣族自治州、文山壮族苗族自治州等经济不发达的民族贫困地区投资扶贫，帮助这些地方发展地方经济。

如今，凉山彝族自治州的火把节和各类生态农副产品都十分出名。而早在 1984 年，褚时健就启动了对这里的区外扶贫。当年，他就派科技人员到这里教当地农民如何发展高产高效农业。在他的无偿支援下，凉山终于有了自己的农科人员，农业发展蒸蒸日上。

除了投资扶贫外，玉溪卷烟厂还以身作则，曾为一些濒临倒闭的卷烟厂无偿提供人员和技术支持。褚时健的这一义举，一度在中国烟草业界传为佳话。

有趣的是，我们在梳理玉溪卷烟厂当年所做的各种善举时发现，一些接受玉溪卷烟厂援助的烟厂并不在云南省。

1994年，延安政府的几个工作人员不远千里来到云南玉烟向褚时健寻求技术支援。听了延安烟厂的难处以后，褚时健二话不说就立刻抽派了一些专家和技术人员奔赴延安，以解决延安烟厂在工艺、设备和管理等方面的问题。不仅如此，他还根据延安烟厂面临的实际困境提出了一套行之有效的整改方案，继续全方位地对企业进行帮助。很快，褚时健的一系列动作就收获了明显效果。

这样的事例还有很多很多，在褚时健的心中，一个企业好了不算真的好，要带动其他企业、整个行业、整个地区甚至当地人民好起来才是真的好。

关于褚时健二次创业，在我和李开云先生合著的《褚时健传》的自序中，我们曾总结，褚时健的精神需要全新认识，在作为励志的典型代表之外，他的更多价值值得大家传播、分享和学习。

对社会有贡献

很多人关心褚时健的成功，在管理、经营和干法上，与他人究竟有何不同。在我们看来，褚时健和很多人不同的是，他总是试图解决问题，希望对社会有所贡献。

很多跟着他的人，解决了生计难题，没有被饿死；解决了生活难题，条件越来越好；解决了财富难题，实现了生活富裕；解决了困惑难题，达到了豁达。

作为职业经理人，褚时健带动了中国本土农产品种植管理的标准化；他的二次创业，则推动了中国农产品的品牌化，为农业创新树立了信心和榜样。尤其值得一书的是，褚橙是一个体现新商业文明的产品，它既有新的模式、新的基础设施，又通过新的组织实现了新价值观。

在我们看来，褚橙是一个具备典型意义的"精准扶贫"项目，橙园带动了玉溪一方百姓致富，甚至将边远山区家庭可支配收入从 1 万元提升到了 10 万元以上。

2014 年，《人民日报》给褚时健颁发了"人民企业社会责任奖特别致敬人物奖"。这个沉甸甸的奖项让他激动万分，他说："拿到奖的那一刻我觉得非常高兴。这是一个社会企业家荣誉，是对我做了一些于社会有益的事的回馈与鼓励，在将来我还要加倍来做社会福利方面的事，做对社会有好处的事。"

这就是一个八旬老人对成功的定义。

褚时健生活极为简单，他在家或在褚橙基地，既没有特殊的小灶，也没有什么大餐，他不打麻将，很少喝酒，除了工作，他最热爱的事情便是学习。

褚时健曾带着17名员工去西方考察，外国风景虽好，但他没有耽于享乐，每天的行程都安排得紧张有序。他的目的是要尽快了解西方国家在烟草生产领域的先进技术和管理经验。这趟旅途中他只给自己放了两天假，每天"早睡晚起，这已经是最大的享受"。

褚时健回忆道："一个人做事，不是只为了吃穿。其实我自己的钱，一辈子简单吃穿是用不完的，吃太好还不习惯。像名牌，我就不喜欢。有一年我出国，一家英国公司在伦敦的高级酒店设宴，出席宴会的公司高层都是西装领带、皮鞋擦亮，我不喜欢'拴'领带，就穿得很普通去了，英国老板都很吃惊。"

他的生活虽然朴素，但是他的成就很壮丽。"我干的最了不起的事情就是我为中国烟草业的发展做了很大的贡献。"褚时健的自我评价十分中肯。

在他主持玉溪卷烟厂之前，国内烟草行业全面落后于西方。褚时健花费了七八年的时间，使玉溪卷烟厂的烟草品质赶上了西方，带动国内烟草行业一同赶超国际水平。他不仅为国家节省了开支，还为国家创造了巨额财富。

褚时健创办褚橙公司，开始了一段新的旅途。经过十多年的仔细摸索，褚时健从中国"烟王"变成了中国"橙王"。他改变了当地农民贫困的现状，为他们带来了财富和种植、管理技能。

褚时健耄耋之年再创业，为国家做出了巨大贡献。除了贡献税收和敢于拼搏的企业家精神外，他还在农业产业化道路上持续探索。

褚橙模式在全国范围内做出了农业产业化的有益探索，具有相当程度的普遍性意义。因为褚时健的带动，大量资本进入农业，尤其对果业的带动十分明显。如今在云南，尤其是哀牢山一代，大量团队正在这片土地上，参考褚时健的模式，希望成就新的辉煌。

褚时健在管理褚橙中探索出全新的管理方式，我曾针对褚橙的经营管理写过一本《褚橙方法》，详细总结褚橙从"出生"到崛起的过程和方法。

回过头来看，褚时健所有的干法都来自认真解决问题的初心。比如，褚时健在褚橙果园引进了工业化生产方式，在管理上则采用的是车间管理和农户管理相结合的模式。在褚橙工作的农民是以家庭为单位进行责任承包，其中还有一条不成文的规定，如果夫妻双方离婚则自动解除劳动合同。这种做法是为了维护农业生产关系的稳定性，保障以家庭为单位的农户的稳定性和生产效率。在另一个方面，这还解决了农村劳动力不足的问题。

褚时健是真正懂农业的人，农业产业化很难，面临诸多问题，但是褚时健相信，只要认真，问题总能解决掉。

第三部分

认真去解决每一个问题

学者周其仁曾分析褚时健：解决问题不是说一说，不是说说就完，不是热闹后就完，不是忙活一阵就完，所有这些东西最后要有一个结果……褚时健从很小开始就在解决问题。本来家境不错，结果父亲去世，褚时健才15岁，就帮妈妈挑起整个家庭的重担，那就要解决问题，酿酒、拿鱼，好多都是细致、细小的事。褚时健从小到大都在解决问题，他甚至在自己的问题都解决不了的时候还要解决问题。到了烟厂辉煌的这一段，也是解决问题的过程。他要把烟厂从玉溪市的小烟厂，做强做大，要克服很多体制上的困难。

我们一直在追问，褚时健为何总是成功？

他自己的答案从来没有改变过，就是认真去解决每一个问题。可是真的是如此简单吗？

褚时健在他的文章《心里有本清楚账》里写道：

我从小就知道自己做事总比别人要做得好，因为我认真，负责任，心里有谱。从那以后我就懂得了：做什么事都要会观察，会总结，找到规律。万事万物都有自己的规律，规律搞清楚了，办法就出来了。闷着头做事不动脑子，力气用尽了也不一定有好收获。

在我们现在的橙子基地，我经常对那些作业长说：你们不要傻做，要学会掌握技术。不要以为搞农业流点汗水就可以了，大老粗才那么想事情。1955 年部队评军衔的时候，怎么不给骡子评个军衔呢？打仗的时候骡子最辛苦，井冈山时期驮枪又驮炮，但它什么也评不到，为什么？它不进步嘛。人家求进步的，评大将评上将，对不对？做事情找规律就是你心里要有一本清清楚楚的账，莫糊涂。烤酒这件事好像是老百姓都烤了多少年，经验都在肚子里，动手做就可以了，其实不是这样。我会拿个小本子记一记，苞谷用了多少，燃料费花了多少，请小工背到镇上花了多少人工费，再简单都要记下来；卖完酒后，算一算，盈余了多少，这一次和上一次有什么差别。这笔账你心里不弄个一二三，我看这个酒烤得就不算成功。

第七章

企业家精神

我希望人家说起我时，会说上一句"褚时健这个人，还是做了一些事的"。

——褚时健

褚时健从早年开荒种地、酿酒，到管理糖厂烟厂，然后到高龄种橙，可以说这些行业和土地都有密切关系。他一直在从事农业，和土地、食物打交道。从结果来看，他做的这几件事情都非常成功。很多专家到了褚橙的地里都会发现，褚老对自然的尊重、对土地的认识和方法已经领先行业很多。其实，他对农业的理解已深入骨髓，深入泥土。

毫不夸张地说，高龄开始种橙的褚时健夫妇是中国农业的代言人，褚橙的成功，给农业领域的创业者带来了极大信心，而这个信心并不只限于农业领域。

许多人一直推崇褚时健的企业家精神，究竟什么是他的企业家精神？

作家汪曾祺对褚时健管理之道的评价是："我一向不大承认什么'企业家'，以为企业管理只是'形而下'的东西。自识得褚时健，觉得坐在我身边侃侃而谈的人，确实是一位企业家……他掌握了企业管理中的某种规律，某种带有哲理性的东西。"

回顾褚时健一生经营的企业，每次都是从困境开始，糖厂濒临破产、烟厂一败涂地、果园一片荒芜，但这无数的坎坷，最后都被他一次又一次地超越了。玉溪卷烟厂鼎盛时期，他锒铛入狱，75岁出狱后还能东山再起，不得不说是中国近几十年来最值得钦佩的企业家。卓越的领导不是始于远见卓识，而是始于让人面对残酷的现实，并积极地采取行动。

王石数次拜访褚时健，而他总结，褚时健具备三点最朴质的企业家精神：

第一是匠人精神。褚时健从种烟到种橙子，都是精耕细作，都是把产品做好。

第二是人生大起大落时的精神价值。褚时健一直保持着尊严，即使在跌入谷底的挫折面前，犯了错误也能正确对待自己，对待社会。出狱后，仍想着为社会做点有价值的事。

第三是遵从内心，追求本真。褚时健说做企业要有效益，做好产品，管好人，服务好顾客。

2019年在4月，在褚橙果汁品牌发布会上，王石又总结，褚时健一生创立了四个品牌，第一是"玉溪牌"香烟，第二是褚橙，第三是企业家精神，第四则是家族传承。

70多岁陷入谷底的褚时健重新创业，80多岁用一

褚时健：人生干法

颗颗大小一致、酸甜适中的橙子再次回归巅峰，正应了褚橙的宣传词"人生总有起落，精神终可传承（橙）"，他的人格魅力征服了无数年轻人，褚橙也因此有了一个新名字——励志橙。

褚时健曾说，他去世后，墓碑上就写五个字：褚时健，属牛。想想他跌宕起伏、不曾停歇的一生，这五个字有无限的辛酸，也有无限的骄傲。

在他身上，体现着海明威的"硬汉"精神：人是不可以打败的，你可以把一个人消灭，但你就是打不败他。[①]

一生跌宕沉浮的褚时健对此却始终不肯多言，只是说："我希望人家说起我时，会说上一句'褚时健这个人，还是做了一些事的'。"从表面来看，他把自己放得很低，但实际上他站得高、看得远，于无声之处发芽抽枝，努力生长为参天大树。这样的生长力，如同脚下的土地一般温润有力。

传奇不可复制，但褚时健的管理、经营和干法，是有迹可循的。王石认为，褚时健是中国匠人精神的杰出代表。

2015年9月，在去褚橙新基地的路上，我们向褚时

---

① 周桦. 褚时健：人生总有起落 精神终可传承 [J]. 中国商人，2016（4）：34-37.

健之子、知名企业家、投资人褚一斌请教，最能概括褚老管理成功的要素是什么？褚一斌先生毫不犹豫地说："企业精英的思维加匠人精神。"他接着解释称："老父亲不完全是工匠，他在当时就表现出了当代企业家的战略思维，我觉得就是企业精英的思维。"

褚时健无疑是天生的战略企业家。这位经历过战争年代的云南汉子，没有专门学习过管理学课程，却有着惊人的管理天赋。他深谙人性，重视人的作用，所以种橙时，别的基地无法做到让农民按照标准去操作，而褚时健就能做到，他的"半合伙人"制、激励制度、标准考核制度让他管好了最难管理的农民种植。

仁义是做人的根本

仁义是一种无私的付出，亦是高尚的品格。

保持内心正气，是生而为人的基本，它会悄无声息地影响你的命运，甚至改变一个人的人生。

年幼的褚时健很喜欢读小说，他常常蹲在书摊边上，看得忘乎所以。他特别喜欢《三国演义》，每每看到关云长过五关斩六将、摆脱曹操投奔刘备的情节，褚时健心中就生出一股豪情，这种为朋友两肋插刀的情义令他感动。他想，做人当有如此仁义。在家里，母亲也教育他要做一个重情重义的人，这些都在潜移默化地影响褚时健。

十几岁时，褚时健参加游击队，对仁义有了更深刻的领悟。每天和战友并肩作战，彼此肝胆相照，结下了深厚的战友情谊。褚时健把他们一一记在心里。20世纪80年代，他曾经借出差的机会到战友们的家乡去寻找故人，可惜一个也没有见到。青年时的这场经历，变得既清晰又模糊，时过境迁，战友间的仁义却始终留存在褚时健心间。

云南解放后，褚时健曾任玉溪地区行署人事科长，后来在"肃反运动"中被指定为"深挖美蒋特务"专案组组长。

当时玉溪也抓到一个"美蒋特务"，这人名叫罗载兴，湖南人，有着精湛的医术。他曾在西昌与基督教会的一位美国牧师有过接触，经调查，这个牧师被认定为美国特务组织的头目。于是罗载兴受到牵连。

褚时健任专案组组长的第一个任务，就是审查罗载兴。在其他人看来，罗载兴已是既定的罪人，审查他的人有机会立大功。然而，褚时健在仔细查看罗载兴上交的材料后，发现了诸多漏洞。在亲自审问后，他确认罗载兴是被冤枉的。据他了解，罗载兴只不过与那个牧师讨教过两次医术，平日里都在行医，根本不可能是"美蒋特务"。

此时，褚时健没有像别人一样不辨是非，更没有为了所谓的名利违背自己的良知。他让罗载兴写了一份真实的详细材料说明，签字画押后，就把人给放了。事后，组织里有人指责他"肃反"不力，对他指手画脚，但褚时健内心坦然，他知道自己的做法是正确的，便不与旁人计较。

所谓善有善报，命运就是这样的，一个人用赤诚之心待人，他的人生也会被善待。在还罗载兴清白的几年后，褚时健被打为"右派"，下放到红光农场劳动。在这期间，他得了严重的疟疾，连续数日陷入重度昏迷，嘴鼻出血，却没有人理会这个"右派"。此时，红光农场的场部医生听说有一个"右派"得了重病，不顾旁人的劝说前来，意外发现这位"右派"居然是褚时健。为了治好褚时健，他特意拿出压在药箱底下为数不多的两片"奎宁"，喂给褚时健，结果药到病除。这人便是罗载兴。

即便是在受到挫折、磨难之时，褚时健也从未违背过"仁义"二字。摘掉"右派"帽子后，政府把褚时健调往偏远的堵岭农场任厂长。在那里，原本聚集着从玉溪城疏散而来的 2000 多人，但大半人忍受不了艰苦环境选择逃离。褚时健到农场时，只剩下 400 多人，他的任务就是管好这些人，不让他们跑回玉溪。

谁都不想在贫瘠的地方挨饿，堵岭农场每个人都想回玉溪。他们不但不配合褚时健的管理工作，而且经常唱反调，闹着要这个新场长把他们"整"回玉溪。面对群众的争吵，褚时健是理解的，故而他没有强行打压群众，也没有像别的场长那样不管不问。他只是用自己的仁义之心，切身为群众做事，他亲自去河里捉鱼，去林子里打猎，然后带回来与大家分享。慢慢地，有几个年轻人加入了他的队伍，一起打猎摸鱼，改善群众的伙食。当地人逐渐理解了褚时健的仁心，感谢他的付出。而对于褚时健来说，做任何事情他都会竭尽所能，无愧于心。

褚时健曾说，母亲教育他多帮助别人，而他自己发现，帮人还会帮到自己。他曾在回答记者采访时说："我能给他们解决点问题，自己也感觉心里舒服了。在我们困难的时候，朋友也帮我们出了很多力。"仁义之人便是如此，不会斤斤计较，更不会患得患失。

俗话说"好人有好报"，这种回报大多数是隐性的、长期的、沉默的。在一段时间内，根本看不到它带来的结果。但它会在某个时刻把某个机会、信息、机遇带给你。就如褚时健在玉溪卷烟厂曾提拔过一位名叫邱健康的得力干将，后来此人去红河烟厂当厂长了，褚时健报以仁义之心，继续在管理、经营等方面帮助他、给他支持。10年后，褚时健在哀牢山种橙子，前5年市场空间有限，橙子卖不出去，每年都是邱健康帮忙卖掉四五百吨，为老厂长解愁，与他共渡难关。所以褚时健总说："我帮了别人，别人也帮助我很多。"

机会与风险

有一天晚上，有一个人坐在自己的小屋子里沉思，忽然听见敲门声。

他问："谁呀，这么晚敲门。"

门外一个声音说："快开门吧，我是机会。"

这个人想了一会儿说："我不开门，你不是机会。"

外面的声音说："我是机会，快开门，要不然我可走了。"

"你走吧。"

外面的声音说："我确实不是机会，但我想知道，你怎么猜着我不是机会？"

"很简单，你敲了三次门，而机会只敲一次门。"①

1980 年春，上任不久的褚时健用这个关于"机会"的小故事成功扣响了玉溪卷烟厂班子成员们的心门。

---

① 程永照，李晖. 玉烟天下［M］. 北京：人民文学出版社，1996.

　　他口中的"机会"指的是云南轻工业厅发布的一则消息：改革开放后，国家政策放宽，可以提供贷款给昆明卷烟厂和玉溪卷烟厂用于引进当时具有国际水平的英国 MK9-5 卷烟机。当时领导班子主要的争议焦点在于"价格"。一台机器 261 万元，足足等同于 60 台国产机器总价，这对当时的玉溪卷烟厂来说无异于天价。更何况当时库房中还存放着堆积如山的"红梅牌"香烟。一边是尚未消化的库存，另一边是即将背负的巨额贷款。巨大风险之下，班子成员难免犹疑不决。

　　为了推动成员们达成共识，褚时健适时抛出这个故事。他想传递的信息很清楚：机会稍纵即，不承担风险就抓不住机会。负债不可怕，可怕的是一直用旧设备生产别人不愿购买的产品。他确信，一旦启用新设备，烟厂的产品将迈上一个新台阶，烟厂经营也将由此进入良性循环。

　　褚时健的"确信"并非拍着胸脯说大话。多年生产经营经验告诉他，生产设备是制约生产质量与效率的核心要素，设备落后等同于在起跑线上认输。并且在此之前，他和副厂长乔发科还做过详细的调研论证。按照他们的分析推算，只需 3 个月，烟厂就有能力偿还这笔贷款。凭借敏锐的直觉与踏实的分析，褚时健最终说服了领导班子成员。

　　经过两个多月的调试投产后，新设备每分钟开到

4300 支生产能力，超过 4 台原厂那些国内卷烟机，且能耗低、质量好、效益高。一台引进设备生产 2 个月所创税利就等于它本身的进口价格。

尝到甜头的褚时健抓住机会，更上层楼。1984 年，他再次做出大胆决策，一口气引进 26 台国外设备，包括 10 台卷烟机、12 台包装机、2 台滤嘴成型机、2 台输送机。这次引进的贷款规模从 261 万元提升到 2300 万美元，偿还期从 3 个月增加到 3 年。

更大的风险背后是更大的机会吗？褚时健试着用自己的行动来回答。当时计划尚未实现时，众人质疑。褚时健给出的回应是："不能放过机会，放过了，与世界卷烟技术的差距就会更大了，国产烟将顶不住外烟大量进入我国市场。中国人哪天才能赶上外国人？干工业、搞经济，总是要有点风险的，党把我们放在领导岗位上，我们就要为国家为工厂担风险，不担风险，还要你当厂长干什么？"

待设备引进到位后，他稳扎稳打地施展出自己的"连环策略"：先后启动了"第一车间"原料革命和"单箱卷烟工资含量包干"制度革命。通过优化原料和内部管理激励，玉溪卷烟厂的生产力被最大化释放出来，经营效益连年攀升。褚时健用事实证明，他敢于承担风险就表示他能够抓得住机会。

纵观褚时健的经营生涯，我们不难发现类似这样风险与机遇共存的事例。好像每一次机遇都格外地垂青于他，他也总能先人一步抓住机会，险中求胜。但事实是，机会对所有人展现的概率大体是差不多的。区别之处仅在于，机会常常戴着面纱，有的人能够透过面纱窥见它的真面目，有的人则会视若无睹地和它擦身而过。

人们常说风险和机会如同双生子一样相伴相生，但这种说法其实很容易误导人，令人误以为有风险处必有机会。然而，真正的问题从来不是"要不要冒险"，而是"什么样的险才值得一冒"。成功的企业家不是因为成功的次数多，而是因为避开了不必要的失败，只在"值得出手"时抓住机会，一击即中。

至于"什么才是值得出手的机会"，他们的回答通常是：那些机会从表面上看不出来，只有实事求是、深入工作的人能够感知得到。细微之处有神灵。很多时候，未来的风险与收益概率无法通过精确计算获得。只有当我们沉浸于一件事，体验它，琢磨它，甚至试图去引导其发展方向的时候，机会的蓝图才会向人徐徐展开。这也不难解释，为什么做出重大创新的企业家通常是在一个行业内浸润多年的内行人。胆魄的根源是信心，没有深度了解就没有充足的信心。

试想，几千万美元的大规模引进，还要自筹外汇，当时全国烟厂没有哪家敢如此干。褚时健和同行的总工程师经过反复考察、测算后方才拍板，甘愿自偿全部外

汇。1981—1988 年，玉溪卷烟厂先后投资 261 万元人
民币和 5100 万美元，从英、德、日、意、荷兰等多国引
进了具有先进国际水平的卷烟、包装、滤嘴烟成型等生
产设备 85 台（套）和 2 条制丝生产线①，并将所有旧设
备全部淘汰。

　　事实证明，褚时健以风险博机遇的决策最终"成
了"。设备更换及一系列改革组合拳打出后，玉溪卷烟厂
经营面貌焕然一新。多年后回顾这段经历，他都会用轻
松的口吻谈起：玉溪卷烟厂的所有改变都从一个"机会
敲门"的小故事开始。

---

　　①《红塔山传播集》编委会. 红塔山传播集（1986-1994）—通讯篇
[M]. 北京：经济日报出版社，1995.

居安思危

具有企业家精神的领导者通常会同时考量企业的近期利益与长远发展，力求在两者间寻找平衡。

管理学大师彼得·德鲁克率先把"熵"①的概念引入企业管理领域，他说，管理要做的只有一件事情，就是如何对抗熵增。在这个"反熵"的过程中，企业的生命力才会增加，而不是默默走向死亡。德鲁克之后，"反熵"概念开始越来越多地被纳入经济商业的话语体系中，越来越多的经营者开始意识到，想要增强组织系统的稳定性，抗击风险，就必须及早执行多种备案举措，而不是临阵磨枪，随机应变。

---

① "熵"是对无序程度的一种度量。它原本是热力学中的术语。热力学第二定律又被称为"熵增定律"，说的是在自然过程中，一个封闭系统的无序和混乱程度总会增加。在管理学领域中，企业家这种"居安思危"的特质可以用"反熵精神"来概括。企业组织也是一个系统，如果这个系统保持封闭，不与外界交换信息能量，那它只能走向寂灭。所以企业家在经营活动中会努力保持企业的开放，在与外界竞合互动的过程中探索发展之道。

褚时健早在玉溪卷烟厂时就已将这一思路纳入工厂经营，仅从他囤积烟叶的细节我们就能窥见端倪。

自 1980 年起，褚时健开始逐年增加中上等烟叶的储备。1982 年，他更是加码增加中上等烤烟的库存量，及至 1984 年，烟叶库存已上升到 30 万担。增加库存意味着资金占用，成本攀升。库存达到 30 万担时，烟厂的银行贷款利息已突破 800 万元。当时厂内财务科统计数据显示，单箱利润已降至全国同行业水平，这令厂里许多人坐立不安。

褚时健为何不断增加烟叶库存？他的主要着眼点有二：

一是为了提升香烟质量。烟草行业卷烟生产有一个经验共识，即"原料是基础，发酵是关键，工艺是保证"。烟叶发酵的好坏直接影响卷烟的内在质量。烟叶发酵是提高烟叶质量的一种初步加工方法。新烟叶未经醇化和发酵不能直接用来制作烟卷，因为新烟叶带有生青气和地方性杂气，刺激性很大，不够纯净。如果直接燃吸体验极不舒适，香气也显露不出来，低等次烟甚至还有苦辣涩等缺陷。经过发酵或醇化后，这些不良的品质因素都可以被降低或消除。

烟叶发酵分为两种方式，一种是自然醇化，耗时比较久，至少需要 1—3 年才能完成；另一种是人工发酵，通过将烟叶放置于特定环境中，使其品质在短期内完成转化。人工发酵虽然时间成本低，但我国人工发酵工艺起步较晚，人们对烟草认识不足，再加上设备落后，发酵的效果极不稳定，要么不足要么过火。

过去玉溪卷烟厂为节约时间，多采用人工发酵，导致烟叶品质不佳，进而影响成品香烟的质量。褚时健认为，必须先保证原料质量再谈其他，如果人工发酵工艺不到位，哪怕耗费大量资金和时间，也要坚决执行自然酵化。

二是来自他对趋势的洞察。玉溪地区气候宜人，土壤条件好，一直就有"粮烟争地"的情况存在。褚时健很早就做出判断，认为粮烟争田，必有一战。为了应对不可预知的未来，他双管齐下，一方面拨出大量经费，扶持发展山地烟草，还水田种粮，让烟草上山。另一方面则积极增大烟叶库存，以防山地烟草供应规模不够影响烟厂生产。

褚时健的"先见之明"果真让玉溪卷烟厂躲过了一场灾难。1988年，全国性粮食紧缺，为确保云南本地的粮食供应，玉溪行署宣布压缩烤烟面积，让田种粮。当年玉溪地区共计减少了6万亩烟田，如果没有褚时健囤积的烟叶，烟厂的原料生命线势必崩断。

市场验证了褚时健的担忧绝非多虑，不过他手中的备份计划还不止于此。如果不加注意，人们很容易忽略一个细节：1983年，在褚时健主导下，玉溪卷烟厂委托昆明冶金设计院设计了烟叶发酵微机自控系统。该系统于 1984 年投入使用，效果不佳。但此后多年，褚时健一直没有放弃优化这套系统的技术方案，直至 1986 年后这套系统才基本达标。

也就是说，褚时健在选择自然发酵的同时，一直没有放弃人工发酵方案。危机感如同一柄悬在他头顶的达摩克利斯之剑，他希望自己永远握有事情的"可选择权"。

一个企业家眼光能看得多远，就决定了未来走得多远。不可否认的是战略家思维是少数人才具备的思维。战略家思维是什么？战略思维是对关系事物全局的、长远的、根本性的重大问题进行灵活而主动的谋划。褚时健是当代企业家的典范，具备超强的战略思维，很多时候，他做的决策在当下看似很荒唐，但是在未来产生不可估量的作用。

当玉溪卷烟厂步入正轨后，随着账面利润的持续累积，公司账面上的现金越来越多，为资金找出路成了褚时健当时的工作重点。或许青少年时期的褚时健承受的磨难太多，居安思危的意识已经深深烙在了心底，他心里明白，一旦企业开始安于现状，权力和金钱的腐蚀很快就会悄然而至，因此如何通过对外投资保持企业的成长性是第一要务。

20 世纪 90 年代，在改革开放春风之下的中国，愈发呈现出一片欣欣向荣的市场面貌，经济体制全面转向市场经济，带给企业家无限的投资机会。褚时健明白机会已来，他开始涉足烟草以外行业的投资布局，最终他将投资锁定在了能源行业。之所以选定能源行业，是因为他看到随着国家自由度的不断扩大，工业化是中国未来的必然选择，势必需要大量的基础设施建设，水、电、能源将会在未来出现一个井喷时期，自己需要在这之前就开始必要的投资布局。

眼界有多高，成就的事就有多高。褚时健的亲身经历完美地诠释了战略眼光对企业发展的重要性。一个企业的发展不进则退，不可能永远保持在一个静态的平衡点，企业要想在面对市场激流时能够游刃有余，唯一能做的就是不断成长、再成长，而企业能够一直成长的必备条件就是企业的掌舵者是否有居安思危的思维，是否有常人无法与之匹配的远见和格局。

山高人为峰

山高人为峰，是红塔集团在推出"铂金红塔山"产品时的广告语，在时间的推移中，其内涵不断丰富，成了红塔集团的企业精神。

在外界看来，这五个字也是褚时健人生的真实写照。

1963 年，褚时健调任到新平县曼蚌糖厂任副厂长一职，分管业务板块。他到这里时，糖厂有固定职工 200 多人，但已经亏损多年。而且奇怪的是，厂里生产的红糖本是紧俏物资，不愁销路，职工们工作也很努力，但每年忙完算账发现全是亏损。新平财政每年都要补贴 20 万元给工厂才能保证其正常运转，而且职工们的收入也很低，每年只拿 5 个月的工钱。

经过一年的攻坚，褚时健改锅、改灶、改燃料，提高了出糖率，大大降低了成本，提高了产量，利润也随之上升。1964 年，曼蚌糖厂建厂以来首次盈利，创造了 8 万元净利润，全厂工人和政府领导都高兴不已。褚时健说，这是中华人民共和国成立后参加工作以来，从工作中得到的最大愉悦。此时，他感受到了通过努力奋斗得到的内心富足。

每一个站到顶峰的人，背后都有着无数的汗水和辛酸。一个真正登山的人，不会留恋路边的风景，他总是背着包袱，埋头向前，即便前路关卡重重，他也有信心勇敢去实现目标。在制糖时，褚时健看到别的厂出糖率能到 8%—9%，他就要求自己想办法达到 12%—12.5%，而且质量要比别人好。

所谓"取乎其上，得乎其中；取乎其中，得乎其下；取乎其下，则无所得矣"，就是这个道理，只有不断对标，设立更高的目标，才能够实现超越。

那些不畏艰难、勇登高峰的人，似乎有一种在绝境中逢凶化吉的神奇能力。他们不会因为没有目标而感到迷茫，他们能够设定适合自己的目标，不断创新。创新是一切行动的源泉，没有创新也就没有发展。就企业经营而言，为了保持企业的核心竞争力，思考和创新是必备的环节，褚时健能成为当代中国最知名的企业家，与创新这一要素始终贯彻在他的职业生涯里有关。

青少年时期的褚时健，就已经明白了思考创新的重要性，最典型的事件就是，在褚时健为了生活独自开始经营烤酒事业时，为提高作坊的温度，他将从炉子里面掉下来的煤炭用烂铁锅装着铺在周围以提高温度，进而提高了出酒率。这样的思维方式在当时是不多见的，这足以说明褚时健灵活变通的能力，不会拘泥于某一环节。企业经营活动涉及的环节非常广，每一个环节都可能产生创新性想法，创新性想法能够具体实施的必要条件在于，不论是在企业投入端还是在企业产出端，都能为企业经营发展带来改进，要么可以缩减成本，要么可以扩大产出。很幸运，此时的褚时健就摸到了这个门路。

老年时期的褚时健更是将创新应用到了极致，在褚橙种植的核心环节上都有能够体现褚时健创新思维的举措。在成本方面，将节约理念应用到了极致，化肥的使用量精确到克，仅管解约、管原材料就设置8个岗位，每个环节层层算账，算每道工序的消耗指标，然后将节约下来的成本按比例分给员工。在装备方面，全部实现农业现代化，农用拖拉机可以开到每一个角落，将机器的功效发挥到极致，用来提高生产效率。褚时健这些创新方法全部是从实践中得来的，也体现了他的经营智慧。

褚时健向来富有自信，行事果断，不言放弃。在动荡年代，不断创新、不断进取使褚时健做到了坚持自我，在恶劣的环境中也能认真干事情；经过磨砺之后，他的自我效能感逐渐增强，信心越来越强大，对事物的判断力也愈加精准，所以干一件事就能成一件事。在完成一件事后，他不会停滞不前，而是选择更有挑战的任务去攻克，通过不断地创新突破，找到解决问题的最佳路径，勇攀高峰。

第八章

认真

　　事情的规律，认真就做得好。要下功夫要认真，所有的事情都要这样。

——褚时健

褚时健说："我这个人做事来讲很认真，无论干什么，只要分配给自己的都力求干好，用积极的态度来对待现实。我个人的性格就是喜欢思考问题，喜欢把事情干好，即使成绩归别人，自己也心甘情愿。"

无论折戟沉沙跌落谷底，还是扶摇直上创三次巅峰，在褚时健的人生哲学里，"认真"两个字一直是悬挂在头上的不动标杆。他挖掘事情的规律，总结起来也就是"认真"二字。

褚时健的儿子褚一斌曾说，父亲是一位匠人。在他身上贯穿始终的是一种坚忍执着的匠人精神。

年轻时，褚时健在酒坊、糖厂、烟厂三个行业间转换。但就算每次近乎从头开始，褚时健也能够做一样成一样。家里的酒坊在 15 岁的少年褚时健身上得以运转良好；担任戛洒糖厂副厂长时期，褚时健用 3 年时间让糖厂纯利润逼近 40 万元；在玉溪卷烟厂时期，他使"红塔山"在国内高档香烟市场占有率超过"半壁江山"。

有人曾提及，在褚时健的字典里，没有"困难"二字。但成功从来都不是唾手可得的，如今看来，在褚时健创造的一个又一个奇迹的背后，原因都是有迹可循的。就算是如今已经大有名气的褚橙，也不是朝夕之间就有这等成就的。最初，褚橙的口感并不好，就连技术人员都说这个品种就是这样。

褚时健是不信邪的人，他不断试验，不断改造，用7年时间越过"口感不好"这座山峰，最终使果品达到绝佳口感。直面挑战，褚时健身上确实有一种不撞南墙不回头的冲劲。白发垂暮年，他却当作人生起步时。他不是神人，当困难一个个迎面而来时，他也曾发愁、失眠。只不过，路都是人走出来的，他选择迎难而上。

直面困难

褚时健曾说过一句话，人在希望里头活，撞着南墙再说。对这位历经诸多风雨、见惯诸多挑战的老人来说，直面困难，"撞南墙"的事情从来不少。

直面困难，著名企业家俞敏洪也曾说过："面对困难和挫折，哪怕是最没有希望的事情，只要努力坚持去做，就会拥有希望。"作为"影响企业家的企业家"，褚时健在逆境中立于潮头，始终不乏勇气。

在戛洒糖厂任职期间，褚时健一手干成不少事。有一年，正赶上甘蔗榨季，糖厂的锅炉坏了。每个人心里都知道，若是锅炉修不好，甘蔗堆放时间过长就会坏掉，损失不言而喻。

摆在眼前的解决方案似乎只有两个：一是去城里请师傅，但一来一去耗费时间；二是厂里的人自己修理，但叽叽喳喳围着锅炉的一群人，却都不懂修理技术。

褚时健不吭声，独自围着锅炉研究了两个小时后，他把衣服一脱，钻进了才熄火不久的锅炉里。谁也不知道他在里面倒腾半天具体做了什么，但几分钟后，褚时健满身大汗地又弓着身子钻了出来。

在众人看来，像是变戏法似的，一个企业领导竟然修好了锅炉，这看来有些不可思议。但其实在这之前，褚时健就与职工一起改造过一台锅炉，对于锅炉的内部构造，他心里还是有点底的。

褚时健改造的是一台4吨旧锅炉。作为糖厂副厂长，他站在更高的角度看待糖厂经营，只觉得这样容量的锅炉太小。挑战是显而易见的，他找来工人一起研究，把4吨锅炉改成了10吨。[①]

无独有偶，1981年8月，在玉溪卷烟厂的褚时健，又遇见了同样的问题。这便是年老后他最为津津乐道的"锅炉事件"。

有人曾说，在褚时健的人生长河里，上帝给了他一手烂牌。但就算每一次遇见困难，他都可以站起来，解决它。那时在玉溪卷烟厂的两台锅炉，经由十几年使用运转，一朝大修，便是一月有余的停产修理。

褚时健任职期间，恰有一台锅炉出现故障。有意思的是，大家也不着急，反而是一副事不关己高高挂起的态度。但在褚时健看来，锅炉出现问题，与当年糖厂面临的挑战如出一辙。烟叶复烤，若没有锅炉支撑，一旦

---

① 周桦.褚时健传［M］.北京：中信出版社，2016.

发生霉变，厂子损失惨重。

褚时健找来维修部门，对方却给出四十八九天的修理时长。在这场与技术人员的博弈中，褚时健给出了4天的维修期限。语出惊人，维修工们想撂挑子不干，但褚时健已有预料。

时间是他定的，那就要做到。但也不是毫无根据地乱定，他是有修理经验的人。最终结果也证明，他的确是正确的。三天半的时间，锅炉修好，冒出了蒸汽。

每一次直面困难，都是一场博弈。最终是，你怎么看待自己，你就会成为怎样的人。那些看似带着光环的人的背后，无不是一步步跨越艰难险阻而来的，毕竟从来就没有一蹴而就的事情。褚时健始终有一种劲头，直面问题，越过山峰。

"这世上，太顺手的事情不多。不怕，再难的事情都不怕。再容易的事情也不容易。"褚时健如是说。人生在世，一帆风顺的时刻永远不会太多。褚时健看得淡然、坦然，因此把所有的挑战当作理所当然。在生命的任何时刻，他永远不缺直面困难的勇气。

做事要讲究方法

做事讲究方法，埋头苦干而不知方法，往往事倍功半。褚时健深谙其中的道理，纵观他的一生经历，直面困难的背后是每一个方式方法的合理运用。

这一点在褚时健年少时期就已经显露踪迹。当时正值"清匪剿霸运动"，十几万大军没粮食吃，只得向当地百姓征粮度日。那时地方土匪与恶霸相互勾结，国民党散兵流窜山区，几方势力形成隐患。按照上级指示，将一部分正规军转为工作队，深入基层，发动群众。①

在当时的复杂环境下，土匪、恶霸、乡保长相互勾结。人民群众有自己的担忧，一怕敌人报复；二怕工作队来了又走。褚时健在了解群众心理后，有了一套自己的征粮方案。

在保证老百姓留有足够口粮之后，他征集剩余粮食。

---

① 李开云，张小军.橙味人生：褚时健传奇［M］.北京：石油工业出版社，2016.

设身处地站在老百姓角度上思考问题，怀着同理心做事，反而更易收获想要的结果。事实证明也的确如此，工作队其他人三四个月才能完成的任务，褚时健耗时一二十天便已完成。做一件事，如何突破，如何高效解决，里面讲究的便是"方法"二字。

"四两拨千斤"是太极中的一个名词。意指力量微小，却可拨动庞然大物，这里面讲究的便是"巧"字。巧妙的时机，巧妙地用力，难易便能转换。一个"巧"字，同样也是对方法的合理运用。

世上从来就没有什么"终南捷径"，但褚时健始终知道做事要讲究方法。方法对了，事半功倍。少年时期家里贫寒，父亲去世后生活愈发艰难。家中兄妹六人靠母亲实在支撑不住。年仅15岁的褚时健作为家中长子，开始承担起家庭重任。那时家中有爷爷留下的酒坊，但父亲去世后家中并无余钱请师傅烤酒。

一间房，一个灶，120多个用于发酵的瓦缸，每次用700多斤苞谷。① 对于当时年少的褚时健，酿出酒不是一件容易的事。泡苞谷，上甑子，火上蒸十几个小时。难就难在这十几个小时里，灶里一直要有柴火，锅里一直要有水，因此灶前得一直有人盯着。蒸到一定时候，还要搅拌苞谷，保证其受热均衡。这所有的事情，都只

---

① 周桦. 褚时健传［M］. 北京：中信出版社，2016.

有褚时健一个人做。

怎么办呢？褚时健琢磨许久，他得想出一个办法。于是开始蒸时，他仔细计算出一锅水从加甑子到烧干，耗费时长约两小时。之后加水、添柴，他便靠在灶边浅眠，闻声有响动，他就立即醒来。如此几番，他从未蒸煳过苞谷。

有一位记者曾对作家冯牧描述过褚时健，说他是永远在各种困难和风险面前勇往直前、破浪而行的开拓者和建设者。就算只是年仅 15 岁的褚时健，这种精神便已经潜藏在他骨子里。

"做一件事，力气一样花，马马虎虎地做力气就白费了，认真总没有错。"正是如此，他才能在问题普遍的外表下，找寻到最为合适的方法，并攻克它。这种寻找方法的习惯随处可见。烤酒时，他随身带小本记录关键，如 700 斤苞谷，要烧约 1500 斤柴火。两斤半苞谷大概出一斤酒。①

"不管做什么事，你要先搞懂才做。"在褚时健看来，搞懂之后才能摸清楚做事的方法。正如俗话所说，打蛇打七寸。弄清楚七寸在何处，抓住事物表象下的本质，找到合适的方法，才能运筹帷幄，决胜千里。

---

① 周桦.褚时健传［M］.北京：中信出版社，2016.

下功夫

褚时健曾说过，自己"就是爱琢磨，往往一件事情，别人想一种办法，我会想五种、八种，会找相关的人去交流、去考虑在执行的过程中会出现什么样的限制，目标就只有一个，那就是事情不办好不罢休，我顽固得很"。

褚时健确实顽固，这种顽固体现在他做事所下的功夫上。如果追溯他的人生经历，不难发现，年少时期父亲离世，他帮助母亲承担养家责任时，这种性格特色便已养成。很早之前，谈及死亡时，褚时健就说过这样一句话：死意味着永远离开，意味着你本来正在做、应该做的事，以后再也没办法做。父亲的死让他第一次感到死的可怕，也觉得活着真的很重要。活着的每一天，把每一件事做好，尽好自己的责任，就不白过这一生。

正是如此，15 岁的年纪，褚时健便深知钻研其中、苦下功夫才能做好一件事。当时在酒坊酿酒，他清楚发酵这一关键过程关乎出酒量多少、酒精度高低。于是他想往深处琢磨，将这事做得更好。琢磨的细节有很多，如冬天时，他观察发现靠近灶火的发酵箱发酵得更好。发酵程度更好，酵母菌长势更好，出酒率就更高。按照距离灶火位置的远近，他大致估算出远近两者的差异接近 20%—30%。①

天道酬勤，褚时健沉浸在自己的世界里钻研许久，最后成果非常喜人。别人 3 斤苞谷烤 1 斤酒，褚时健用 2.5 斤就可以得到相同的出酒量。

在"锅炉事件"中，褚时健的钻研依旧卓有成效地显现了出来。面对维修工提出的 40 多天的修理时长，他直截了当地给了 4 天期限。他有自己的安排，像修铁路般安排每位维修工各司其职对接到点。工序增加到 5 道，同时增加人手使每道工序同时进行，并且还做到 24 小时不间断修理。齐头并进的修理方式节约了大量时间成本，各个工序之间紧密配合，修理工作进展非常快。锅炉修好总共需要 48 根管子，第一天就装好了 20 多根。②

后来在哀牢山下的一片橙园里，两鬓染风霜的褚时健下功夫钻研种橙的劲头依旧如初。他曾提及，2014 年天干，老是不下雨。他每天晚上想着自己的果子，凌晨四五点就睡不着了，起来翻书翻资料，第二天叫上司机去找专家，一定要找到解决办法。

---

①② 周桦.褚时健传［M］.北京：中信出版社，2016.

关于种橙，褚时健也是从头学起。"我们的果子这么些年来，从水源开始，土壤的有机质比例、剪枝的频率、挂果多少，样样都要操心，每年的情况都不一样，每年都有新的问题出现，所以不断要有对策。我这个脑子里，记了不知多少数字。"虽然他不至于每天拿锄头、摘果子，但是树木长势如何，出现什么问题，他比农民都要清楚。他深知，若不钻进去，说出个一二三来，农民又怎么会听自己的呢？

做任何事情，钻进去，认真做才会有结果。在褚时健的文章《人活着是为了什么》中提道："我一直和儿孙们强调，一个人工作、过日子都要认认真真，对产品要认真，对周围的人也要认认真真。"他的一生中，认真钻研始终是主旋律。

路是走出来的

"我这个人不习惯讲什么大道理，我对人生的体会就是自己走过的路。"褚时健一生的道路，起起伏伏，波澜壮阔。从巅峰坠落谷底，他用实际行动印证了海明威的名言——人不是为失败而生的，一个人可以被毁灭，但不能被打败。从谷底再创辉煌，极致的反弹能力成就了一代"橙王"。

路都是人走出来的，无论何种绝境，总有一条会摆在眼前。在褚时健身上，人生道路起伏异于常人。1996年，《人民日报》中提及，"褚时健从一个党和人民培养起来的优秀企业家，走上严重经济违纪违法道路，教训深刻而惨痛"。[①]71岁锒铛入狱，女儿自杀，褚时健进入了人生至暗时刻。当所有人都以为一代"烟王"至此落幕时，却没想到他走出了另一条路。

---

① 李开云，张小军.橙味人生：褚时健传奇［M］.北京：石油工业出版社，2016.

2002 年，保外就医。褚时健当时的选择很多，他有经济来源，有居所，在外人看来如他这般年纪，完全可以休息了。但褚时健停不下来。

75 岁开始种橙，他每天都在钻研施肥、剪枝、土壤酸碱度等各类问题。从对橙子一无所知，到种出口感极佳的褚橙，这趟征程之上，褚时健一道道关卡逐步攻破。正如他所说："现在大家吃到橙子都说'甜酸比例合适、味道好，果肉化渣'，那是我们花了好多年时间一点点调出来的。"过程并不容易，长年累月才能得到一个结果。虽说是急性子，但褚时健也总会慢慢等。

人生就是一场突围，只要活着就有机会走出一条道来。种橙子的时候，他也遇见了不少难关，甚至有些难关是十几年难遇。高温持续达一个月，果子几乎都被晒掉了。"但你看我们的五根管道从对面大山来，面对高温，果园有水维持。别的果园如果基础不好，损失就大。而我们还能保住和去年一样的产量，就是因为农业基础打实了。"

扭转战局，转败为胜，褚时健闯出来太多条绝处逢生的道路。他一生跌宕，在巅峰和谷底间转换。他一生的经历，比多数人的一生更为艰难，但起起落落间，他总能峰回路转，走出别样道路。

原因归结于自身，无论遭遇了什么，褚时健从未向命运低头。他从来不缺从头再来的勇气，也不乏越过那道山峰的魄力。如今看来，他一生传奇甚至颇具戏剧性，层出不穷的问题向他砸过去，他都迎头直上。那些不尽如人意的事情实在太多，但褚时健都一一扛了过来。在他看来，认真、专注、踏实地解决问题，总能找到走向未来的路。

第九章

解决问题

从我们种果树第一年起，问题就很多，但是我们觉得，一定要把这些问题解决了，一年又一年，我自己也充实起来了，我懂的东西更多了。如果做事毛毛糙糙的，不求甚解，即使损失了若干次，也还是在原地打转。

——褚时健

在褚时健七八岁的时候，他需要步行 2.5 千米，到禄丰车站小学去读书。上学的路途遥远而且充满危险——他需要穿过一条长长的夹道，夹道一边是万丈深渊，一边是崇山峻岭，还伴着随时都会呼啸而来的火车。在 20 世纪 30 年代，中国的火车轨道不像现在那样遍布满地。褚时健路过的轨道非常窄小，轨距只有 1 米，被称为"米轨铁路"。村里的孩子去上学，得穿过米轨铁路旁边的夹道，才能到学校。

一般的小孩，看到火车迎面而来便吓得走不动道，甚至直接原路返回和爸妈哭诉不去上学了。褚时健却不是这样，面对困难勇于解决问题的天性烙刻在他的骨子里。从知晓危险的那一刻，他就开始不断思索：如何才能安全又有趣地通过这条充满危险的夹道？

少年不知万事难。褚时健的妈妈还在担心儿子上学的路太过险峻，褚时健却已经找到解决问题的方法：只要自己跑得比火车还快，就能避免危险。于是，每当褚时健和村里的小伙伴一起上学，大家在路上你追我赶、充满欢声笑语的时候，褚时健都会分出一丝注意力，时刻关注火车轨道的动静。当他察觉轨道一阵阵颤动时，就会立马跳起来，大声地呼朋唤友，让大家一起跟火车赛跑，直到跑到宽敞的地方。看着火车渐行渐远，少年调皮之心又起，褚时健看准火车上坡时减速的时机，猛地跃向火车门把手的方向，双手趁机牢牢抓住门把手。在他的带领下，大家一起挂在火车上，火车飞速前行带起一阵阵风，少年们单薄的身体就在风中飘飘荡荡，如同一群不知名的鸟。等到火车在禄丰站停车时，他们便一跃而下，安全而迅捷地到了学校。褚时健去学校路上"扒火车"的行为从未失手，这是他在年少时的得意技能。也正是这样大胆创新的想法，造就了一个善于且勇于解决问题的褚时健。

按规律来

褚时健解决问题绝对不是蛮干，而是通过思考，找到解决问题的规律。他说："凡事你要去想，去做，才能发现问题。"发现问题是为了解决问题，而解决问题的出路就是"事情的规律，做好了。认真就做得好，要下功夫要认真"。

1994 年，褚时健决定扩建红塔集团，将新厂址选定在一个叫关索坝的地方。消息传出去之后，立即引来不少非议："关索坝是龙脉，不能动啊，关索坝一动，老褚必将完蛋。"还有人说："关索坝这名字就非常霸气，谁要是敢在那里动土，非得闯过人生一大关卡不可。"

听了这些话，褚时健一笑了之。他说，企业要发展，不可能听信这些没有根据的迷信和谣言，人得讲求科学，只要地质学家和房地产建筑商说那里可以建房子，放心大胆地建就是了。

后来，褚时健锒铛入狱。当年那些人又跳出来："你看，老天爷应验了吧！"褚时健依然一笑了之。

褚时健从来不迷信，他崇尚的是一切按规律办事。在他看来，一个企业家无论做什么生意，无论从事什么领域，"顺势"两个字尤为重要。大势所趋、审时度势、势在必行，说的都是势，都是时代潮流，都是规律，都是科学。"凡事都有它自身的规律，急不得。"当时选种橙子时，褚时健就知道短期内想要盈利是不可能的，挂果挣钱是要等到 5 年后的。所以他当时一点都不着急，因为他知道这是果子成长的规律，如果过早地让树结果子，树就长不大，果子的质量也不高。这就如同拔苗助长的故事，宋人担心他的禾苗长不高，于是将禾苗一棵棵地拔高，劳累自己不说，结果被拔高的禾苗也全部枯萎了。

农业种植要学会等。褚时健说，他只要看着树苗能一年一年地长大就很高兴。经过深耕土地，他得出了一个果树的生长规律：果苗第一年栽下去，一般到第二年，果树就会有四五十条枝条，到第三年，枝条就会长到一百多条，这时整棵树的枝条就差不多完备，可以结果了。但果树第一年一般都结得少，只能结 10—12 千克，到了第四年，每棵树才可以平均结到 30 千克的果子。褚橙果园的打理就是按照这一生产规律进行的。

虽然果子的数量有了规律保证，但新的问题又来了。第一年的果实有落果，一开始是小果子落，长大之后还会有 3 次落果，这都是自然的生理现象。但到第二年摘果的时候，褚时健发现果子落得满地都是，就连那些不该掉的果实都掉了，这搞得褚时健一头雾水。

那段时间，褚时健到果园的次数更多了，待的时间也更长了。有农户回忆当时的场景说："他常常看着果树，大家也不知道他在看树叶还是树干。有时候他蹲在树边左右看看，有时候盯着果树，一动不动的，不知道他到底在研究什么。"

经过钻研和学习，褚时健才知道，虽然落果是一种正常的自然现象，但这主要是针对一些发育不佳的果子。褚橙果园有一年落果严重，本不该掉落的果实都掉落了，究其原因是果树间距过近，每亩148棵树，密集的分布使果树受光照不充分，那些被树叶遮挡部分的果实得不到充足的光照，自然就掉了。"种橙子也要讲究气、水、光、风，你们不要觉得这个说法玄乎，空气质量对果子的确是有影响的。"①

找到果树的生长规律后，褚时健便做了一件外人看来极为冒险的事情——砍树。砍树也是有学问的，还要根据规律来，每棵树间距应是多少，每棵树的枝干数应是多少，该砍哪个方向的树枝。树枝的方向决定果子的酸甜度，一般照着太阳的枝条，上面结的果子弹性和味

----

① 先燕云，张赋宇．褚时健：影响企业家的企业家［M］．长沙：湖南文艺出版社，2014．

道就会更好。而这些都需要慢慢地摸索，才能将其中蕴含的规律总结出来。

他说服那些"心疼"果树的农户，在一年之间砍掉了约 1 万棵的橙树，此后，每年园区都会再砍掉 10% 的果树，到后来每亩地仅剩 80 棵才停。令许多人没有想到的是，砍树后，果树之间的距离拉开了，果树受光充足，营养补给充分后，便减少了落果，反而增加了园区的产量，并年年攀升。所以，到现在，这件事情都被园区的果农津津乐道："只见过种树，没见过谁会把好端端的树砍掉，我们当时觉得太冒险了。"

而且，遵循果树生长规律的剪枝，也增加了褚橙果园果树的寿命，许多果园的老树果龄到七八年产量就降低了，褚时健的果树的果龄能达到 30 年，就是通过剪枝延长的果龄。

万事万物都有各自的规律，农业也不例外。果子有大小年，今年结得多，明年肯定就结得少，这是自然规律；产量要提高，肥料自然就要增加，这也是自然规律；农业是个慢热产业，不能一口吃成胖子，这也是规律；枝丫太密，果子受到的光照就会不均匀，这时候就要剪掉一些多余的枝丫，确保果子都能受到阳光的照射，接受光合作用，这也是规律……

明白了这些，褚时健在种果树的过程中，就开始走上了一条科学化的道路。他实行精细化管理，建造了自已的实验室，分析土壤中各类元素的含量，分析果子的含糖成分，分析病虫害防治技巧……

褚时健一直以来都坚守一个信念，正如他常说的："干任何事情都有规律，要讲道理，不按规律乱来，是要出问题的。"

致力效益

　　解决问题是为了发展，为了效益，褚时健一直都有很清晰的效益意识。经营企业，想要有效益，就要像褚时健那样干，思想必须回到效益这本账上来。

　　对于很多人来说，扭亏为盈是极为艰难的一件事，甚至是不可能做到的。然而褚时健却只花了一年时间，将才接手的戛洒糖厂成功地扭亏为盈。不仅是糖厂，他后来把烟厂也做成了龙头企业；种植褚橙，也引起风潮。

　　当时褚时健接手了云南新平县曼蚌糖厂，任副厂长。这是一家名不见经传的小糖厂，褚时健从不打没有准备的仗，他从接任之后就开始对糖厂进行了细致的了解。当时的红糖十分受人欢迎，货源紧俏，出售迅速，但是糖厂却处于亏损状态，让人十分费解。

　　经过一番了解，褚时健发现糖厂的工人虽然多达几百人，运用的制糖技术却还是几千年的老工艺，没有经过任何改进的技术紧紧勒住了糖厂的收益口袋。渐渐地，支出的人力和物力超出预算，而生产出来的红糖却达不到需求的数量。厂里投入的资金就像打了水漂，甚至连工资都只能发榨糖后几个月的，员工逐渐没有了对工作的热情。

旁人看见褚时健接手了糖厂，只觉得他接手了一个烂摊子。褚时健却在认真记录自己收集而来的数据，经过一番分析后，他认为一个厂要活下去，必须讲究效益。

古老的制糖技术可能在他人眼里具有时代传承的魅力，但是在他眼里，只有研究出跟上时代的变迁、适应当下发展的新的制糖技术，才是糖厂发展的主要任务。

糖厂的工人不能理解他新奇的想法，只觉得他在异想天开。糖厂的器械都是适合古法制糖的，想要更新换代就必然需要钱，可是糖厂年年赔钱，哪里还有余钱去做别的？

为了降低改造的成本，褚时健天天守在糖厂的灶台边，在烈火映照下，他那本来就略黑的肤色显得更黑，硬朗的脸部轮廓在无形之中给了工人们巨大的踏实感。"这个人每天这么辛苦这么拼，说不定真的能够成功呢。"在褚时健日复一日的辛苦研究革新中，不止一个人的心中悄悄升起他们以前从来不敢想的念头。

对于改变，只要有人踏出了第一步，后面就会有无数人跟来。一年中，工人们不断尝试，终于将制糖的成本降低，出糖率提高，糖的品质也提高了。1963 年末，财务结算后，发现糖厂这一年的收益不仅填满了之前亏损的 20 万元，还盈利了 8 万元！糖厂的工人拿到了前所未有的工资，终于见证了糖厂扭亏为盈的历史时刻。

"其实不难，是他们脑子里没有那根弦，不想往前一步，不钻研，不认真。"[①] 褚时健面对大家的夸赞，并没有骄傲。当时的他只是为自己迎来了久违的成功而喜悦，毕竟这是他工作以来，获得的最大成功。

对于普通的工人来说，褚时健所说的"钻研""往前"都是陌生的词汇，而对于褚时健来说，这些都是他历经困苦后依然选择而拥有的。保尔·柯察金希望自己"不因虚度年华而悔恨，也不因碌碌无为而羞愧"。其实，褚时健的心中也拥有着相似的信念，这样的信念支撑他越过那些企图将他拦在路上的"问题大山"，最终成就了他不平凡的一生。

后来褚时健回忆自己烤酒的经历：那个时候莫看我年纪小，其他人烤的酒都没有我的出酒率高，卖的价钱也没有我的好。我那个时候烤酒经验多了，敲敲酒缸就知道酒的度数有多高，现在这个本事我仍然是有的。村子里其他大人恐怕都不理解：怎么我一个娃娃烤的酒比他们的要好？其实就是认不认真，会不会做成本核算。我后来做企业也是这样，认真很重要，成本核算也很重要。

---

① 周桦.褚时健传［M］.北京：中信出版社，2016.

做出改变

　　能够站在巨人的肩膀上做事的人无疑是幸运的，但并不是所有人都能拥有这份幸运。

　　对于多数人来说，那些从起跑线上、一步一个脚印拼搏出事业的人更让大家觉得可敬，因为他们做到了别人从来没有做到的事。从未涉及过烟草工作的褚时健无疑就是后者，从戒烟到重新吸烟，再到成为中国"烟王"，他打破了大家对中国烟草固有的认知，以势不可破的姿态冲击了中国萎靡的烟草市场，成功地让玉溪卷烟厂成为世界第五的烟草企业，"红塔山"一时风靡全球。

　　同样在萎靡的冰糖橙市场，他通过 10 年的努力，从一个门外汉变成了引领行业的话事人。

　　许多人在羡慕褚时健的时候，却不曾知道，出任玉溪卷烟厂厂长的褚时健当时面临着多么糟糕的局面。在褚时健后来的回忆中，他亲自总结道："员工是软、散、懒，车间是跑、冒（气）、滴（水）、漏（原料）。"①甚至还有员工在烟厂中养了许多鸡鸭等禽类。

有人说，最绝望的事是连自己都丧失了希望。这原本是没错的，自强者自信，自信者自救。然而，褚时健的出现对烟厂的员工来说，就像是突如其来的鲶鱼落进了沙丁鱼群中，他以自己强烈的生命力点燃了所有沙丁鱼对生的渴望。

褚时健仿佛拥有一种天生看不见眼前困难的技能，在他眼里，什么问题都可以解决，所以遇到困难也不需要太过苦恼。他在了解玉溪卷烟厂的现状后，与生俱来的好强个性使他想尽各种办法来整顿烟厂，从领导到员工，无一不领教过他强硬的办事作风。

对于曾经经历过"锅炉事件"的员工们来说，褚时健绝对是他们见过最强势，却最不惹人讨厌的厂长。强势是指褚时健只给他们 4 天时间修理锅炉，当时的烟厂只有两个锅炉，一个坏了不仅会导致新收的烟叶无法进行烤制，更会影响已经在锅炉里面的烟叶。巨大的损失让褚时健不能多给 1 天时间，而当时负责修理的员工却爱搭不理地说："我们以前在张厂长的带领下需要 48 天才修好。"言外之意就是说 4 天根本就不可能修好。

褚时健却并不认命，对于前厂长所需要的 48 天，他

---

① 周桦.褚时健传［M］.北京：中信出版社，2016.

一直持怀疑态度——只是修理一个锅炉而已，他以前在糖厂也看工人修理过，并不是很艰难的事情。需要花费这么长的时间，问题只可能出现在人员调配上。

改变是褚时健最擅长的事。他在思考过后，将锅炉研究后把 18 个员工分成 5 组，每组负责不同的工序，以 24 小时不间断地开始维修。他也亲自上手，工作有条不紊地进行着，令大家跌破眼镜的是，以前需要 48 天才能修好的锅炉，竟然只过了三天半就完全修好了。在员工的欢呼声中，这件原本会造成烟厂巨大损失的事件终于尘埃落定，褚时健也终于在烟厂里站稳了脚跟，员工们对他都很服气。

种橙也是如此，褚时健和工人、种植户不断试验，不断调整，不断改变，最终种出了最佳糖酸比的褚橙。

面对问题如何干？褚时健的答案其实就是努力找到规律，然后做出改变。

解决即前进

经营企业，管理团队，褚时健的干法核心就是，解决了问题，即是前进。

在褚时健的人生中，"人可以被毁灭，但不可以被打败"并不是一句虚妄的话，这句话深深地烙印在他的灵魂中，并撑起了他走出自身困局的希望。

褚时健或许注定是要与众不同的，监狱中的生活并没有磨灭他对自由生活的渴望。常人很难想象，一个患着糖尿病的老人，是用怎样的信念在哀牢山上栽下了第一株甜橙树苗的。

在他人看来，他的一身病痛和70多岁的年龄是时间赋予他最大的局限性。褚时健则不这么想，大起大落的人生经历使他比一般人多出一份乐观。他认为自己的人生不应该也不会在这个时候戛然而止。对于时间带来的苍老他无法抗拒，投入一个新的创业领域却可以激发他的活力。

2000多亩承包地，褚时健立志做一款从未出现过的甜橙。

有人疑惑，橙子就是橙子味，还能怎么改变呢？褚时健用事实告诉我们，可以改变。他种出来的褚橙，营养价值高，果子大小几乎都一样，酸甜适中，几乎没有太大的差距。

种好橙，还要卖好橙，产品最终需要市场的检验。

褚时健十分笃定，只要他把橙子的质量提升上去了，找到合适的销售领域，那就一定可以成功！

在质量上，从种植到施肥，到剪枝，从果子的大小到果子的颜色、甜度，他都严格要求。每天起床后，他都要去巡视一遍果园，确保已经产生的问题被解决了才能安心去吃饭。

在如此严格的要求之下，褚橙的质量自然是喜人的，但随之而来的就是关于销售的压力。褚橙产量颇丰，如果卖不出去，在种植上的辛苦都要浪费了。

天道酬勤，依托电商和传统渠道的两轮驱动，褚橙广受欢迎。

种橙十几年，这位改革以来最具有争议的人物，又一次成功地解决了他人生中最不可抗拒的问题——时间。

高龄创业，一枝独秀。褚时健一直在和时间赛跑，和自己赛跑，他去世前一个月，依然没有放下对质量的关心，还考察了调试中的褚橙果汁厂。

在褚时健人生的最后十几年，他一直埋首橙园，他说他属牛，其实他并不属牛，而是拥有牛的品质，就是踏踏实实地把问题一个一个解决掉。

他走了，他就是传奇，他其实一直陪伴着我们。

我们把学者周其仁教授的一段话作为这本书的结尾：

什么叫企业家精神？就是解决问题的精神，能力有大有小，机缘有好有差，舞台可能很高，可能很矮，但是无论在哪一个情况下，只要生命一息尚存就要解决一个问题，解决一点是一点，能解决大的解决更大的。无论哪个行业，这种人多了，这种企业家、事业家多了，我们整个国家往前走才有可靠的基础。

生而有涯，而奋斗无涯

2019年3月5日，褚老走了，我和马玥赶去云南见他最后一面。凌晨3点，空旷的殡仪馆停车场上突然下起大雨，对于生离死别，明明知道无能为力，但是依然悲伤。

围绕灵柩的人们一直在诵阿弥陀佛，对于送别离世亲朋的风俗各地不同，但无论什么形式，都有不舍。灵堂里的照片上，他目光如炬，而躺在灵柩里的他，异常安详，如在熟睡，但我们知道，此时已是永别前的倒计时。

如褚老之经历成就，91岁离开，算是喜丧，但此时初春夜深，乍暖还寒，冷雨又飘零，想到英雄之躯，征战沙场无数，终被岁月带走，悲更涌来。

谁也无法抵御时间，最终时间都会把我们带走，我

褚时健：人生干法

们因何奋斗？褚老静静地躺在那里，他的那些跌宕起伏自此画上句号，他的那些遭遇与荣光都浓缩在这个临时准备的房间里。我曾试图找到和褚老一样的企业家，但在中国的企业家群体里，难以对标。日本的稻盛和夫，他们相似，但褚老人生更为跌宕。褚老是独一无二的褚时健，但现在，一切归零。

事情再大，大不过生死，除去生死，其他皆小；事情再难，难不过知行对错。人非草木，孰能无情？生离死别都是关，如何去看，如何去过，如何才是不负时光？这个是很难的问题，无论我们曾经多么辉煌，既然最终都归于平静，那么我们何不轻松去过！但是究竟什么是轻松呢？

褚老曾跌至人生低谷，他曾自评，功是功，过是过。联想到出世和入世，一个人要做到出世太难，在世上走，就是入世，是人都有七情六欲，正因为此，我们才称而为人吧。无论世人如何评说，我们自己如何选择，关键还在于自己内心接受，至于其他，基本都是浮云。

褚老这一生，贡献极大，他发心是要为国家、为民族、为人民做一些事情，他热爱我们这个国家并不是一句空话，而是有实际行动的。褚老总是谈到要给国家多纳税，企业好不好，纳税是一个很重要的指标。当然这是他的选择，也是他的热爱；是他的责任，也是他的使命。

他也是这么做的，他给国家创造税收，管理烟厂的时候，还投资修了昆玉高速，修了很多电站，前者当然算布道，后者是给更多人带去光明。

作为企业家群体偶像的企业家，谁位列第一，迄今没有确切的统计，但是至少我们认为，褚老的企业家精神影响了众多企业家，诸多企业家既是他的朋友，也是他的粉丝。

回顾褚老的历次创业，从糖厂到烟厂再到种橙，通过竭尽全力的奋斗，他都成为行业的领导者。他的创业都可谓逆势而上，他把亏损的糖厂和烟厂带出泥潭，他75岁再创业，把一个落后的冰糖橙品种改造成引领行业的褚橙。

无论东西方，企业家的成功都如履薄冰，无论中外，成长的企业家主要凭借自身努力、才华，当然也有时运，克服各种困难，取得甚至他们自己都感到意外的超级成功。

褚老从不退却，艰难险阻都成为他成功的垫脚石。在他成功的背后，有着超常的使命感、激情与思想。

我们必须承认，复制褚橙和学习褚老很难，我和财经作家熊玥伽在写《褚橙方法》的时候，花了比较长的时间去总结，包括后来和考拉看看的创始人马玥女士一起研究和写作《褚时健管理法》，我们有一个共同的结论，那就是，我们不应该去复制它，而应该去学习精神和借鉴方法。褚橙既是一个产品，也是一种消费符号，目前云南也有大面积的果园希望复制褚橙，首先要解决品质的问题，然后还要解决品牌的问题，标准化的品控可以复制出类似的品质，而品牌要复制，短期内比较难，过去几年我们也看到了众多借鉴者的失败案例。

另外一方面，市场变化很大，褚橙的成功有必然的因素，也有很多偶然的因素组合。尽管如此，褚橙是一个标杆，我认为我们既可以学习褚老的企业家精神，同时也可以去借鉴褚橙成功的一些方式和方法，尤其是它的种植管理标准化、产品运作品牌化。

2019 年 5 月，我重新来修改关于褚老的书稿，这是一组作品，合计有三部，体量很大，编辑也要求加快交付。

之前总觉得书稿的质量不够好，还需要继续打磨，所以就没有交给褚老看，如今想来，做什么事情，都要赶时间，尽量把时间周期往前赶。

这部作品的雏形是我和考拉看看内容创作中心的一群作家讲思路，然后共同完成的初稿，书稿放一段时间再来看，曾经那些觉得很满意的地方又觉得问题很多，好些内容感觉要再打磨，甚至想到要放弃。

可是后来转念一想，放弃是最简单的事，这不仅不会解决问题，还会带来新的问题。褚老很强的能力是解决问题能力，有次周其仁教授总结他的特点，也是这样概括的。我们现在写褚老的作品，而且已经有了初稿，怎么能够放弃呢！我们说向褚老学习，如果换作是他，肯定不会选择放弃，而是要用心来解决这个问题。

　　褚老曾不止一次对我说过，年轻人不要着急，把问题一个一个解决了，事情也就做成了。

　　所以我又重新安静下来继续修改书稿，静下心来的时候，好像问题也没有那么多了，烦恼也不见了。

　　继续改稿子，还是有时间要求的，并不能慢下来，但是心态转换以后，明显觉得很有力量。

　　修改书稿时突然发现对褚老的管理有很多新的认识，外界那些羡慕褚橙成功的人，如果没有研究褚老的过去，是很难理解褚老的管理体系的。

　　书稿重新把我带回褚老的身边，这种感觉还真是很奇妙。褚老能够取得一次又一次的成功，其实是他在很年轻的时候就已经形成了解决问题的体系和思路。

　　解决问题说起来好像很简单，可是要真正把这种常识落到实处，既需要用心也需要技巧，当然我觉得首先还是要从心出发，态度特别重要。重视问题的解决，然后去找到钥匙，就可以把问题打开。

　　褚老解决问题，重视经营的效率，对我们的事业其实有很好的启示，比如坚持做很好的产品。

　　修改书稿是我和考拉看看团队很日常的一项工作，大家用心去做这件事情，很有成就感，书稿的质量也有了很大的提高。再次用心走进这些文字，这些内容也带给我很大的启示。

　　考拉看看是一个内容创作和运作团队，每年受托写作和出版的图书上百册、数千万字，大家做好的内容和书稿，也是要从产品的角度出发。做出好的作品，市场可以给出更好的价格，这种信用后期还会有很大的延续效应。

解决问题，做好的产品，做好日常的每一个细节。面对问题，我时常想，如果可以转换身份，那些成功的人会怎么做呢？无论如何，他们的成功启示就是，解决了很多大的问题。

如果你去过褚橙基地，和基地的员工聊天，你会发现，他们的说话方式、内涵和行动，深受褚老影响，和褚老如出一辙。在褚老多年的用心经营中，他的经营方法被学习和实践，他的使命感、激情和思想已经和员工融为一体，也正因为此，他的企业才取得了前所未有的成功。

人和团队合一，这是真正的影响力，这需要非常大大的力量！

我们乐于用文字来表达我们的致敬，希望这本书可以给你带去力量。

读者意见请发送至邮箱24973558@qq.com。

张小军

2019 年 5 月

于成都考拉看看图书馆